O PEQUENO PRÍNCIPE
PÕE A GRAVATA

BORJA VILASECA

O PEQUENO PRÍNCIPE PÕE A GRAVATA

Uma fábula sobre como usar o crescimento pessoal para
redescobrir aquilo que importa de verdade

Tradução:
Luís Carlos Cabral

1ª edição

RIO DE JANEIRO | 2013

CIP-BRASIL. CATALOGAÇÃO NA FONTE
SINDICATO NACIONAL DOS EDITORES DE LIVROS, RJ

Vilaseca, Borja

V752p   O pequeno príncipe põe a gravata/Borja Vilaseca; tradução: Luís Carlos Cabral. – Rio de Janeiro: Best*Seller*, 2013.

Tradução de: El principito se pone la cobarta
ISBN 978-85-7684-499-0

1. Administração pessoal 2. Motivação no trabalho 3. Motivo de realização 4. Felicidade. I. Título.

13-1765.   CDD: 658.314
                                                             CDU: 658.310.42

Texto revisado segundo o novo Acordo Ortográfico da Língua Portuguesa.

Título original espanhol
EL PRINCIPITO SE PONE LA COBARTA
Copyright © 2010 by Borja Vilaseca
Copyright da tradução © 2013 by Editora Best*Seller* Ltda.

Publicado mediante acordo com Sandra Bruna Agencia Literaria, SL.

Capa: Marianne Lépine
Editoração eletrônica: Abreu's System

Todos os direitos reservados. Proibida a reprodução,
no todo ou em parte, sem autorização prévia por escrito da editora,
sejam quais forem os meios empregados.

Direitos exclusivos de publicação em língua portuguesa para o Brasil
adquiridos pela
EDITORA BEST SELLER LTDA.
Rua Argentina, 171, parte, São Cristóvão
Rio de Janeiro, RJ – 20921-380
que se reserva a propriedade literária desta tradução

Impresso no Brasil

ISBN 978-85-7684-499-0

Seja um leitor preferencial Record.
Cadastre-se e receba informações sobre nossos lançamentos e nossas promoções.

Atendimento e venda direta ao leitor
mdireto@record.com.br ou (21) 2585-2002

SUMÁRIO

NOTA DE ESCLARECIMENTO 11

Prólogo. Os cínicos não servem para este ofício 15

I. Diga-me como lideras e te direi quem és 21
II. Alguns chefes fazem muito mal à saúde 37
III. O homem atual continua sendo um escravo 49
IV. A improdutividade do sofrimento 57
V. O verdadeiro cético é o que explora o que desconhece 73

    Honestidade, humildade e coragem 76

    O que é e para que serve o autoconhecimento? 79

    O autoconhecimento é um ato egoísta? 82

    A escravidão da reatividade 84

    Treinar conscientemente a proatividade 86

    Realidade e interpretação da realidade 89

    A tirania do egocentrismo 92

O poder da aceitação..94

A função das crises existenciais.....................97

O que muda quando uma pessoa muda?......99

VI. A patologia do êxito..103

VII. O aprendizado é o caminho e a meta................111

A suposição da responsabilidade pessoal........116

Medo, raiva e tristeza...118

O que é, como funciona e para que serve o ego?........120

A diferença entre inocência, ignorância e sabedoria..124

A felicidade e a paz interior vêm em série..........128

Questionar o sistema de crenças........................130

O desafio do autoabastecimento emocional.....133

A importância de cultivar a energia vital...........136

A arte da compaixão..139

VIII. Em busca de si mesmo..143

IX. Atenção! O poder isola e corrompe..................163

X. Amadurecer consiste em deixar de se achar vítima das circunstâncias....................................173

Epílogo. Se quiser mesmo mudar o mundo, comece por você mesmo...193

Agradecimentos..199

Bibliografia recomendada....................................203

A meu pai e a todos aqueles que, como ele, apoiam e incentivam os filhos a seguir seu próprio caminho na vida.

"O mundo inteiro se afasta quando vê passar um homem que sabe aonde vai."

ANTOINE DE SAINT-EXUPÉRY

NOTA DE ESCLARECIMENTO

Este livro não é um romance. Trata-se, na verdade, de uma história baseada em fatos e pessoas reais. No entanto, é necessário dizer que o texto recebeu uma dose de imaginação, pois era preciso respeitar o anonimato reivindicado por seus protagonistas. Esse foi o único pedido feito pelas pessoas que estão por trás dos personagens que aparecem nestas páginas, a quem posso dirigir apenas palavras de admiração e agradecimento.

Esta obra começou a nascer há cerca de três anos, no dia em que meu chefe me encarregou de escrever uma reportagem sobre uma empresa de consultoria que tinha 73 empregados na folha de pagamento e, nos cinco anos anteriores, tivera um crescimento econômico espetacular. Em 2002, depois de quase duas décadas de existência, a direção adotara uma série de mudanças que levaram a empresa a multiplicar em 110% seu faturamento, atingindo em 2007 a soma de 18 milhões de euros.

Como jornalista, eu me especializara em psicologia e filosofia organizacional. Minhas matérias não costumavam tratar de dinheiro, mas de seres humanos. Escrevia com a finalidade de inspirar a criatividade e o potencial dos outros, fazendo o papel de ponte entre os especialistas e os leitores mais ávidos de conhecimento. Por isso, a princípio, não entendi muito bem por que eu e não um de meus colegas havia sido escolhido para fazer esta reportagem. Mas apenas alguns minutos depois de começar a entrevistar o diretor-geral daquela companhia — que pouco antes fora eleito o "melhor executivo do ano" — compreendi a decisão tomada pelo jornal.

Aquele alto executivo — a quem chamaremos de Ignacio Iranzo — usava terno e gravata, mas não era como os outros. Falava de seu trabalho com uma paixão contagiante. Até hoje não me lembro de ter vibrado tanto conversando com alguém sobre temas relacionados ao mundo empresarial. Entre outras questões, abordamos a importância do autoconhecimento, do desenvolvimento pessoal e da inteligência emocional, assim como a necessidade de construir uma cultura empresarial de forma consciente, alinhando o legítimo objetivo de obter lucros das companhias com o bem-estar de seus trabalhadores, de seus fornecedores, de seus clientes e do meio ambiente de que todos fazemos parte.

Até concordamos que a mentalidade materialista e os valores individualistas e mercantilistas que o capitalismo adota como bandeiras estão em decadência. Para Iranzo, "as empresas são como os seres humanos: têm necessidades, sonhos e sentimentos". E, por isso, "é importante que aprendam a ser eficientes, a se desenvolver de forma sustentável e a contribuir com seu grãozinho de areia para melhorar o entorno do qual fazem parte". Para atingir esse objetivo, "o grande desafio é conseguir levar cada trabalhador a acreditar no que faz e a desfrutar de sua função, pois só assim é possível fazer com que as empresas tenham um significado mais transcendente". Recordo que pouco antes de me despedir, o executivo singular apertou minha mão com força e disse em voz baixa: "Precisei de muitos anos, mas acabei compreendendo que não podemos ver as coisas verdadeiramente importantes da vida apenas com os olhos. Devemos senti-las com o coração."

Aquela entrevista me deu um presente inesperado: permitiu-me ser testemunha de que a autenticidade e a inspiração podem ser encontradas em qualquer lugar, até na direção das empresas. Ao sair de sua sala, depois de duas horas e meia de conversa, meu coração transbordava de alegria e entusiasmo. Em minha mente havia despertado a curiosidade de conhecer de maneira mais profunda os pormenores de uma história que me deixara impressionado.

A partir dali continuei a pesquisar por conta própria, interessando-me por cada um dos protagonistas do sucesso alcançado por aquela consultoria. Ao longo do processo, acabei conhecendo seu simpático fundador e presidente de honra — um senhor atualmente aposentado e que chamaremos de Jordi Amorós —, com quem hoje em dia mantenho uma relação de amizade. Depois de várias visitas a sua casa, finalmente obtive a revelação que estava procurando.

Pelo visto, o verdadeiro ponto de inflexão daquela consultoria havia acontecido exatamente um ano antes de Ignacio Iranzo ser promovido ao cargo de diretor-geral. Segundo as palavras do veterano Jordi Amorós, "o que somos e fizemos foi graças à influência de outro homem, sem dúvida o mais extraordinário que conheci em toda a minha vida. Embora sua fotografia nunca tenha sido vista em um jornal, ele é o verdadeiro protagonista de nossa história. Todos os demais, inclusive Ignacio e logicamente eu mesmo, fomos meros atores coadjuvantes".

Assim, a finalidade deste livro é relatar os acontecimentos que levaram esse herói anônimo a agir como agiu. E demonstrar que os seres humanos e, por consequência, as organizações das quais fazem parte podem passar por uma profunda mudança quando adquirem consciência de seu verdadeiro potencial, colocando-o a serviço de uma função necessária, criativa, sustentável e com sentido.

Por isso insisto em dizer que, embora na forma pareça um romance, o conteúdo desta obra é fruto de um apaixonado e exaustivo trabalho jornalístico. Por solicitação expressa do fundador e presidente de honra da empresa de consultoria em questão, o prólogo e o epílogo foram escritos por ele. Nós dois compartilhamos o amor pela escrita.

O JORNALISTA
6 de abril de 2010

PRÓLOGO

OS CÍNICOS NÃO SERVEM PARA ESTE OFÍCIO

Embora possa parecer a mesma coisa, há uma enorme diferença entre existir e estar vivo. Precisei morrer para compreender isso. Foram quatro minutos e 37 segundos. Esse foi o tempo exato em que estive "clinicamente morto", como me explicou dias depois o chefe da equipe médica que me ressuscitou. Eu tinha então 47 anos e mal aprendera alguma coisa valiosa a respeito de mim mesmo e da vida.

Posso afirmar com alegria que naquele ano comecei a viver de novo, graças à ponte de safena tripla que me fez despertar de um sono profundo. Hoje faz sete anos que ressuscitei. Assim, pois, oficialmente, hoje é meu sétimo aniversário de vida. É verdade que tenho uma barriga generosa, problemas de próstata, dores de coluna e o rosto cheio de rugas. Mas o fato é que me sinto mais jovem do que muitos trintões que conheci. E não é piada. Ultimamente, a santa da minha mulher me diz que pareço um garoto!

Até onde sei, não fiquei louco. Na verdade, nunca me senti tão sensato. No entanto, o que quero contar transcende a lógica e a razão. E é muito difícil, para não dizer impossível, demonstrá-lo cientificamente. O texto mais interessante que li sobre o tema foi escrito pela doutora de origem suíço-americana

Elizabeth Kübler-Ross e pelo professor americano Kenneth Ring. Esses dois especialistas pesquisaram sobre o que costuma acontecer com as pessoas quando se veem face a face com a morte. Suas conclusões dizem mais ou menos a mesma coisa: que a maioria dos que sobrevivem volta a se conectar com o espanto e a magia que implica estar vivo e começam a viver de verdade.

A menos que alguém tenha vivido a experiência em sua própria carne, estou convencido de que bem poucos vão acreditar em mim. Mas nem ligo mais para isso. Agora sei quem sou. Passei muitos anos tentando me amoldar ao que a sociedade esperava de mim. De tanto usar uma máscara, acabei me esquecendo de quem era antes de colocá-la. Mas desde que passei a cultivar minha própria autoestima, tenho me redescoberto. Estou começando a compreender o que significa ser você mesmo. Não sou mais escravo daquilo que as pessoas pensam. Libertei-me da obsessão de agradar aos demais, da necessidade de lhes dar motivos para que me aplaudam.

Aquela experiência próxima da morte foi uma verdadeira viagem ao que está mais além. Sei que parecerá um lugar-comum, mas eu vi a luz. E ela me iluminou! Não, não sou budista, muito menos religioso. Naquela época, era católico não praticante. Ou, dizendo melhor, agnóstico apático, sem muita vontade de refletir sobre algo que não pudesse ver com meus olhos ou tocar com minhas mãos.

Existencialmente falando, era tão preguiçoso que jamais questionava meu condicionamento sociocultural. Por considerar verdadeiras todas as crenças que me haviam sido impostas durante a infância, convertera-me em uma ovelha que não precisava de pastor. Não me envergonha reconhecer que seguia o rebanho por insegurança, comodismo e inércia. Era um covarde disfarçado de vencedor. Só agora me dou conta de que preferia enganar a mim mesmo a enfrentar meus medos, carências e inseguranças.

    Confesso que o único deus que conhecia e adorava era o dinheiro. Ano após ano, rezava para melhorar a quantidade e a qualidade das minhas compras. Como um hamster enjaulado, não parava de dar voltas no mesmo círculo. Produzia, consumia e me afastava da insatisfação que me provocava o contato com a realidade. Procurava prazer a curto prazo para não encarar a dor acumulada durante toda a vida. O mais engraçado é que chamava essa obsessiva narcotização de "diversão". Mas o triste é que, de tanto olhar para o outro lado, perdi a mim mesmo pelo caminho.

    É inegável que o passar do tempo me permitiu ver as coisas com mais objetividade e perspectiva. Ainda não compreendi como pude me iludir tanto. Acreditei na história de que saciar os desejos nos conduz à felicidade. Não apenas acreditei, como a transformei em meu estilo de vida! Daí que só se ocupasse de mim e da minha família. Bem, nem essa última afirmação é de todo verdadeira. Mal via minha mulher e meus três filhos. Materialmente, sempre viveram em abundância; mas, no que diz respeito a carinho e afeto, certamente padeceram várias décadas de escassez, vivendo mal sob o umbral da pobreza. De tanto em tanto, quando me sinto vulnerável e fico sentimental, ainda lhes peço perdão por ter estado ausente durante tantos anos. E me emociono cada vez que me abraçam e me recordam que isso não tem mais importância, pois o principal é que agora estou com eles. Mas voltemos a minha experiência próxima da morte. A respeito do resto saberemos mais adiante. Deitado na cama da unidade de tratamento intensivo, senti pela primeira vez na vida algo parecido com a paz, o bem-estar e a plenitude. Nesse estado de silêncio e quietude, tive a sensação de não fazer parte do meu corpo. Comecei a ver a mim mesmo como uma terceira pessoa, observando-me vários metros acima. Pude acompanhar com meus próprios olhos os médicos e as enfermeiras tentando salvar minha vida. Aquela equipe de profissionais parecia mais interessada do que eu em me manter vivo.

Foi então que fui invadido por uma inquietante escuridão em forma de túnel. Sinto decepcionar os mais céticos, mas posso dizer que ao longe surgiu uma tímida luz resplandecente. Recordo que era esbranquiçada, com matizes dourados. À medida que ia se aproximando, comecei a sentir o amor preenchendo todo o meu ser. Aqui recorro a outro lugar-comum: minha vida inteira passou diante de mim. Parecia uma seleção dos momentos mais significativos da minha existência. Não os melhores, mas os mais importantes. Recordei minhas experiências mais adversas e sofridas. Percebi que não as tinha valorizado como mereciam. Ao longo daquela regressão adquiri consciência de que elas tinham uma função muito específica: permitir-me evoluir e amadurecer como ser humano.

Logo depois, ouvi uma voz estranha e distante sussurrando: "Confie naquilo que não pode ver e começará a senti-lo... Comprometa-se com aquilo que sentir e conseguirá vê-lo de verdade." Não sei por quanto tempo estive em transe, mas ao voltar a encarnar meu corpo, voltou a dor e, com ela, a lucidez e a compreensão. Dias mais tarde, minha mulher comentou, ainda assustada, que depois de sair do coma meu olhar exibia um brilho especial. Foi como se tivesse renascido. Nossa! Voltara a nascer! A verdade é que nunca mais voltei a ser o mesmo.

Assim que abri os olhos notei que minha tarefa nesta vida ainda não começara. Tive plena consciência do que não havia sido e do que poderia ser, do que não havia feito e do que poderia fazer. Na presença de duas enfermeiras, comecei a chorar feito um bebê. Minhas lágrimas acabaram dissolvendo a venda invisível que cobria meus olhos: tanto no âmbito pessoal, familiar, quanto no profissional, eu exigia, mas não dava; gostava, mas não amava. Por isso me sentia tão insatisfeito, vazio e desconectado.

Pouco depois de ressuscitar, tive a certeza de que minha existência tinha um objetivo determinado. Senti como meu coração bombeava o sangue até minha cabeça, onde me surgiram três perguntas: "Quem sou?", "Para que sirvo?" e "De que maneira minha vida pode tornar os demais felizes?" Sem saber ainda o que responder, agradeci por dispor de uma segunda oportunidade para descobrir as respostas e começar a ser coerente com o que descobrisse. Isso despertou meu entusiasmo. Tive vontade de voltar a brincar como quando era uma criança. Mas dessa vez a brincadeira se desenvolveria com responsabilidade e plena consciência. Ao menos para mim esse é o significado da autêntica maturidade.

Muitos acreditam que esse despertar da consciência é um sonho, uma fantasia ou uma ilusão criada pela imaginação. Entendo as motivações existentes atrás desses pensamentos. Também sou um cético: não acredito em nada. A única coisa que mudou em mim é que estou mais aberto; reconheço humildemente que só se pode compreender aquilo que se experimentou. Além do mais, a arrogância de acreditar que sabemos tudo nos impede de continuar crescendo e evoluindo. Não pretendo fazer jogos de palavras, mas agora sei que nada sei. Transformei-me em um eterno aprendiz. Não há melhor escola do que a própria vida, e não há tarefa melhor do que aprender a viver.

A única certeza que tenho é a de que o que acabo de relatar foi a coisa mais transformadora que me aconteceu. Por isso me atrevo a compartilhá-la com quem estiver disposto a ler com uma mente limpa, sem preconceitos e limitações de nenhum tipo. Desde que voltei a nascer, curei-me dessa doença chamada "cinismo". Estou deixando de exigir e começando a dar. Não perco mais tempo nem energia tentando fazer com que gostem de mim. Agora estou totalmente comprometido em amar. Hoje, no meu sétimo aniversário, posso afirmar que me sinto plenamente humano. Sem dúvida alguma, essa foi minha maior vitória. Parafraseando o poeta e filósofo hindu Rabindranath Tagore, afinal compreendi que "quem não vive para servir não serve para viver".

O PRESIDENTE
8 de agosto de 2009

I

*Diga-me como lideras
e te direi quem és*

Segunda-feira, 30 de setembro de 2002

Pablo começou a rir sozinho. Depois de quinze minutos diante do espelho, decidiu que já era suficiente. Não que fosse um homem vaidoso. Aliás, não sabia nem fazer o nó da gravata. Dobrou-a com delicadeza e guardou-a no bolso. Era vermelha, a única que tinha.

Antes de sair de casa, abriu a porta de vidro do quarto e entrou na pequena varanda, onde vivia sua silenciosa companheira de apartamento.

— Aqui está seu café da manhã — sussurrou.

Enquanto regava a única rosa que florescera em seu roseiral, comentou:

— Como você está ficando bonita!

Montado em sua bicicleta, Pablo chegou à sede da Consultoria de Sistemas Tecnológicos Avançados. Ao descer, alisou o blazer com as mãos, ajeitou o cachecol e caminhou com passo firme até a entrada do edifício.

— Bom dia. Como vai o senhor?

— Basta-lhe um "bem" ou quer que lhe conte? — grunhiu o velho zelador, enfronhado em um elegante terno.

— Por favor, não me chame de senhor. Poderia ser seu filho.

— E eu, seu pai. Por isso não me falte ao respeito — exigiu, desafiador.

— Tem razão. Perdoe-me se o ofendi.

O zelador respirou fundo durante alguns segundos e, relaxando a expressão do rosto, murmurou:

— Vou ver se posso perdoá-lo — brincou muito sério, coçando a papada. — Você receberá o veredicto quando terminar sua entrevista de trabalho.

— Como sabe que...?

— Porque esta manhã a portaria parece um desfile de tubarões, todos vestidos da mesma maneira. Caminham com pressa, como se o mundo fosse acabar hoje. E exibem aquele ar altivo... Devem ser vaidosos! — o zelador começou a se animar e acrescentou, com veemência — Bando de mal-educados! O que lhes custaria dar "bom dia"?

Pablo soltou uma grande gargalhada, não aceita muito bem pelo zelador. Era uma daquelas pessoas que apreciam que os demais levem a sério suas desgraças. Depois de uma breve pausa, o homem respirou e tentou ficar um pouco mais calmo.

— Mas minha intuição diz que você é diferente — disse.

Pablo sorriu.

— Você é o único que não está usando gravata — "e o único que se dignou a me dirigir a palavra", pensou.

— Falando em gravata... Como o senhor se chama?

— Eu? Bernardo Marín — respondeu timidamente.

Pablo lhe ofereceu a mão e se apresentou.

— Prazer em conhecê-lo, Bernardo. Posso lhe pedir um favor?

— Para mim? Não sei... — hesitou, esforçando-se para não revelar sua curiosidade.

— Eu me perguntava se poderia ter a gentileza de me fazer o nó da gravata.

O zelador começou a rir, tirando a poeira de seu bom humor enferrujado.

— Claro, meu rapaz! Cadê ela? — perguntou, bem mais animado — Quer saber de uma coisa? Embora tenha chegado um pouco atrasado, esta raposa velha aqui está intuindo que a vaga será sua.

Como Bernardo Marín havia lhe informado, a recepção da Consultoria SAT tinha sido invadida por ternos pretos e gravatas cinza. Embora a sala fosse pequena, os presentes aguardavam sua vez em silêncio. Ninguém conversava com ninguém, mas seus olhares eram bastante eloquentes: os candidatos estavam competindo pelo mesmo posto de trabalho.

— Existe alguma possibilidade de você parar de gritar comigo? — resmungou a jovem e atraente recepcionista ao ver Pablo, que permaneceu imóvel e sorridente diante do balcão — Ora... Por que me obriga a ser tão grosseira? — insistiu a recepcionista, apontando para Pablo o fone pendurado em sua orelha — Eu já lhe disse três vezes que o senhor Amorós vai passar a manhã inteira supervisionando um processo de seleção! Sim, já entendi que é urgente, mas não lhe resta outro remédio a não ser esperar que ele ligue para o senhor...

Depois de assentir mais de dez vezes com a cabeça, interrompeu seu interlocutor para colocar um ponto final repentino na conversa:

— Sim, sim, sim, diga o que quiser! Muitíssimo obrigado por sua paciência e tenha um bom dia! — a recepcionista desligou irritada, arrancando bruscamente o fone da orelha. — Não suporto que gritem comigo! — exclamou, transformando-se por alguns segundos no centro de atenção da sala de espera — Como algumas pessoas podem ser tão chatas! Bela manhã, esta minha!

Pablo procurou seus olhos com ternura.

— Eu a entendo perfeitamente — disse com expressão divertida. — Quem era mestre em gritar era meu antigo chefe. Ele era especialista em tirar o pior dos outros. Da boca do sujeito não saíam palavras, mas veneno... No escritório o chamávamos de Senhor Cianureto.

Os dois riram de maneira cúmplice.

— Vejo que você sabe a que me refiro — fez charme a recepcionista, um pouco mais tranquila. — Por que as pessoas têm de ser tão desagradáveis?

— Talvez porque não saibam fazer melhor — respondeu Pablo. — Ainda não conheci alguém que goste de ser desagradável.

Depois de se apresentar, Pablo ficou em pé, conversando com Verónica Serra, a recepcionista. Só precisou de um par de minutos para que seu mau humor evaporasse. Verónica, agradecida, compartilhou com ele os pormenores da entrevista a que estava prestes a ser submetido. Aparentemente, o responsável pela seleção de pessoal era o consultor-chefe Ignacio Iranzo, mas ele estava havia duas semanas sem aparecer no escritório. Era a primeira vez em 13 anos que faltava mais de dois dias seguidos ao trabalho.

— Nenhum dos meus colegas soube me dizer por quê... — a recepcionista se aproximou um pouco mais de Pablo e sussurrou no seu ouvido — Conhecendo-o, uma coisa muito séria deve ter acontecido com ele. Comenta-se que está fora do ar por causa de uma depressão. Por isso nosso presidente, o Sr. Amorós, está se encarregando pessoalmente de entrevistar os candidatos.

Pablo ouvia atentamente, o que incentivou Verónica Serra a continuar segredando.

— Não comente nada, mas há menos de dois meses o senhor Amorós foi operado e lhe puseram três pontes de safena.

Quase morreu — contou a recepcionista. — Desde que ele saiu do hospital todos concordamos que está muito diferente. Mas diferente, diferente de verdade!

A porta da sala de Jordi Amorós foi aberta, e Verónica endireitou as costas e fez como se não estivesse dizendo nada importante. Enquanto um dos candidatos se despedia cabisbaixo, o telefone da recepção começou a tocar. Era o presidente.

— Acho que finalmente encontramos a pessoa, senhor Amorós — afirmou Verónica, com doçura. Depois de assentir várias vezes, olhou para Pablo de viés e terminou a conversa. — Está certo, vou mandá-lo entrar agora mesmo.

Contra todos os prognósticos e diante dos olhares de irritação dos outros candidatos, Pablo foi o próximo a entrar.

Sentados frente a frente, Jordi Amorós acariciava sua brilhante calva, observando o novo candidato como se pudesse dissecá-lo com o olhar.

— Talvez não tenha se dado conta, caro Príncipe, mas o senhor causou uma excelente impressão em nossa encantadora recepcionista, Verónica Serra — comentou o presidente.

— Por favor, me chame de Pablo. O senhor Príncipe continua sendo meu pai.

Jordi Amorós esboçou um sorriso, mas logo recuperou a compostura.

— Está bem, afastemos as formalidades... Falei de Verónica porque essa jovem tem um bom olho para detectar gente talentosa... Para ser sincero, estou há três horas e meia ouvindo pessoas que têm uma grande capacidade de falar sem dizer nada. Ao todo, uns 25 candidatos. Acredite: aí mesmo, onde você está sentado, vi ambição, cobiça, vaidade, prepotência... Ora, vi a mim mesmo quando era jovem! Enfim, estou lhe contando isso porque não estou mais interessado nas virtudes de sempre — acrescentou com ironia. — Ultimamente estou procurando uma coisa diferente. Procuro talento de verdade. Procuro autenticidade — o presidente olhou para o teto da sala e sentenciou: — Isso é pedir muito?

Em seguida pegou o que parecia ser o currículo de Pablo Príncipe e continuou:

— Enfim, aqui consta que você tem 30 anos e que trabalhou no departamento de recursos humanos de uma grande consultoria — o presidente continuou lendo e parou num ponto que o levou a arquear as sobrancelhas. — Um momento. Não pode ser. Está há mais de três anos sem pisar em um escritório? Isso é verdade?

— Sim, tão verdadeiro como que minha companheira de apartamento é uma rosa, meus melhores amigos são os livros e meu maior passatempo é observar as estrelas — respondeu, esboçando um sorriso inocente que desarmou o presidente.

Jordi Amorós, perplexo, franziu o cenho e pigarreou:

— Uma rosa, você disse?

— Sim, é isso mesmo. É uma rosa realmente belíssima — Pablo Príncipe apalpou o blazer e acrescentou — Acho que tenho uma foto aqui comigo...

Aquele comentário levou o presidente a esfregar o nariz. Depois de aspirar e expirar com nervosismo, respondeu com dureza:

— Não, homem, não. Não preciso que você a mostre, posso imaginá-la. Todas as rosas são iguais...

— Ou todas são diferentes. Tudo depende dos olhos com que você olha.

— Bem, bem, não vou perder tempo discutindo com você sobre rosas... — Jordi Amorós se reacomodou na cadeira e retomou a entrevista, com um tom de voz muito mais distante: — Você poderia me dizer o que esteve fazendo nestes últimos três anos?

— Estive viajando.

— Viajando?

— Sim, por todo o mundo, trabalhando no que aparecia para custear a viagem.

— E como foi que resolveu abandonar tudo e ir embora assim, sem mais nem menos?

— Não foi difícil. Quando trabalhava na empresa de consultoria era uma pessoa muito infeliz, porque não sabia quem era nem o que queria fazer com minha vida. Como não tinha nada a perder, fui viajar para ver no que daria. Fiz a coisa certa. É por isso que estou agora mesmo aqui, na sua frente: porque este é o lugar onde sinto que devo estar. O trabalho que o senhor oferece é o que gostaria muito de fazer. Já que me permite falar com franqueza, não acredito em casualidades, mas em causalidades. Faz menos de um mês que voltei de Madagascar, e anteontem foi a primeira vez que comprei um jornal para dar uma olhada nas ofertas de emprego. Assim que vi sua proposta soube que era o trabalho que estava procurando.

— Curiosa, sua história — observou o presidente. — Madagascar parece um lugar distante, pobre e pouco desenvolvido. Estou enganado?

— Depende do que para o senhor signifique "desenvolvido". Acredito que em alguns aspectos temos muito a aprender com o povo malgaxe. Lá ainda continuam em contato com a natureza e muito poucos entendem como alguém que tem um teto e um prato de comida quente pode ficar deprimido.

Na mente de Jordi Amorós apareceu o rosto acinzentado do consultor-chefe Ignacio Iranzo.

— Touché — sorriu o presidente, que voltou a examinar o currículo. — Bem, passemos a outro assunto. Até agora você é o único candidato que não fez um MBA... O que tem a dizer a respeito?

— É que esses cursos são muito caros — disse. — Além disso, o que me interessa aprender ainda não é ensinado nas escolas de negócios.

— Como, por exemplo...

— Como conhecer a mim mesmo para ser feliz e servir aos demais por meio de uma função profissional que gere riqueza verdadeira para a sociedade.

Jordi Amorós olhou-o com seriedade, respirou fundo e comentou:

— Como estou vendo em seu currículo, isso é o que você deve ter aprendido viajando sozinho pelo mundo... Não se ofenda, mas é a primeira vez que entrevisto alguém que valoriza tanto a formação autodidata.

O presidente acariciou a calva, deixou o currículo sobre a mesa e continuou:

— Bem, Pablo, para ser sincero, em outro momento da minha vida nem sequer teria permitido que essa conversa continuasse. Provavelmente... Não, com certeza o teria expulsado da minha sala. Mas quer saber de uma coisa? Há muito pouco tempo percebi que estamos construindo um sistema que deixa de lado as verdadeiras necessidades das pessoas... E ainda por cima temos a ousadia de chamá-lo de "estado de bem-estar"!

Pablo Príncipe encolheu os ombros e permaneceu em silêncio.

— Bem, Pablo, voltemos ao nosso assunto. O que o leva a crer que é o candidato ideal para o posto de trabalho que estamos oferecendo em nossa consultoria?

— A verdade é que não sei se sou o candidato ideal. Para sabê-lo precisaria conhecer mais a fundo o perfil da pessoa que vocês estão procurando... Jordi, gostaria de saber se você está realmente comprometido com a mudança que pretende implantar em sua consultoria — perguntou, olhando diretamente nos olhos do presidente.

— O que você disse? — pulou o presidente.

E Pablo, que jamais renunciava a uma pergunta após tê-la formulado, repetiu:

— Você está mesmo comprometido com as mudanças que pretende implantar na sua consultoria?

— Bem, sim... Sinto que precisamos mudar algumas coisas.

— Posso lhe fazer mais algumas perguntas?

— Bem... Como não... Comece.

— Você acredita no potencial das pessoas?

Jordi Amorós voltou a esfregar o nariz.

— Se acredito no... Claro, naturalmente.

— E na humanização das organizações?

— A que você está se referindo exatamente, Pablo? — desculpou-se o presidente, acariciando o queixo.

— Refiro-me a criar as melhores condições de trabalho possíveis para que as empresas cumpram seus objetivos respeitando e promovendo o bem-estar de todos os colaboradores.

Jordi Amorós assentiu com a cabeça, e com os lábios espremidos respondeu:

— Nesse caso, suponho que sim.

— E seria capaz de delegar esse processo de mudança à pessoa que contratar?

O presidente se ajeitou de novo na cadeira, passou a mão por cima da cabeça careca e voltou a suspirar.

— Bem, primeiro teria que... Vamos ver... — não sabia o que nem como responder.

— Digo isso porque as mudanças levam a renúncias e, uma vez começadas, não é mais possível voltar atrás. É uma simples questão de fé.

— Fé?

— Quando digo fé me refiro a confiar no que é novo, a ter a coragem de se aventurar no desconhecido... — Ao ouvir essas palavras, o corpo de Jordi Amorós começou a tremer.

De repente, o presidente recordou a voz estranha e distante que havia ouvido durante sua experiência próxima da morte... "Confie naquilo que não pode ver e começará a senti-lo... Comprometa-se com aquilo que sentir e conseguirá vê-lo de verdade." Jordi dirigiu seu olhar ao currículo de Pablo e retomou as rédeas da entrevista.

— No hipotético caso de eu contratá-lo, Pablo, qual é a contribuição que você poderia dar a essa consultoria?

— Basicamente, três. Em primeiro lugar, faria uma radiografia para ver qual é o estado geral da companhia, assim como da satisfação das pessoas que fazem parte dela. Depois, trabalharia para colocar o essencial no centro da estratégia empresarial, introduzindo novas medidas e políticas voltadas para a melhoria das condições de trabalho. Finalmente, apostaria na promoção do autoconhecimento e do desenvolvimento pessoal dos empregados mediante cursos de formação emocional. Conseguir ou não atingir esses objetivos dependerá de você acreditar no que estou lhe dizendo.

O presidente tirou do bolso um lenço rosa e passou-o suavemente no rosto, tapando o nariz e a boca. Respirou com todas as forças várias vezes e respondeu:

— Bem... Não me parece de todo mal...

Pablo Príncipe, que dizia tudo o que lhe passava pela cabeça, acrescentou:

— Você acha que poderia confiar em mim para levar a cabo esse projeto?

E Jordi Amorós, que não estava acostumado a tanta franqueza, respondeu:

— Isso... Vamos ver... Não sei, suponho que precisaria de mais tempo...

— Você confia em seus colaboradores?

— Vamos ver, não é assim tão fácil. Como você sabe, há de tudo na vinha do Senhor.

— Não sei se você concordará comigo, mas sei que sem confiança não é possível arriscar. E sem aceitar correr riscos, a pessoa está condenada a fazer o mesmo de sempre, a ficar no mesmo lugar onde está. Você não acha?

O presidente começou a se sentir incomodado. O interesse que tinha despertado no começo da entrevista havia se desvanecido. A dúvida invadira sua mente. O medo, a insegurança e a desconfiança lutavam para assumir o controle. Eram os inimigos de sempre, aqueles que durante 57 anos o haviam levado a resistir a mudanças, afastando-o da confiança e da coragem aninhadas em seu coração.

— Mas me diga uma coisa, Pablo, que experiência você tem no campo dos recursos humanos em geral e no das mudanças das condições de trabalho em particular? — perguntou o presidente, muito sério. Por alguns momentos, voltou a ser o homem de negócios distante e frio que havia criado a Consultoria SAT duas décadas antes.

— Experiência, pouca, mas venho carregado de entusiasmo e compromisso.

Era a resposta que o presidente estava esperando para encontrar a justificativa de que precisava.

— Sinto muito, Pablo, mas a verdade é que você não é a pessoa que estamos procurando — mentiu.

Os dois ficaram em silêncio durante alguns segundos, que foram muito incômodos para o presidente.

— Muito obrigado pelo seu tempo, Jordi — despediu-se Pablo Príncipe, apertando a mão do presidente.

— De nada, foi... Foi interessante conhecê-lo. Você é um sujeito curioso. Quero lhe desejar boa sorte.

— Posso lhe fazer uma última pergunta?

Olhando para o outro lado, Jordi Amorós suspirou e fez um gesto de consentimento. E, com espantosa tranquilidade, Pablo Príncipe completou:

— O que você faria se não tivesse medo?

De repente o silêncio voltou a se ouvir. Por alguns instantes, o presidente se refugiou em sua mente. Estava imaginando a si mesmo apertando um botão vermelho situado sob sua escrivaninha, atitude que levaria dois homens da segurança com óculos escuros e terno preto a expulsarem Pablo Príncipe de sua sala. No entanto, nada disso aconteceu. Pablo, que jamais renunciava a uma pergunta importante, voltou à carga:

— Diga-me, Jordi, o que você faria se não tivesse medo?

— Não sei do que você está falando, Pablo — respondeu o presidente, sem conseguir olhá-lo nos olhos.

— Conforme li na oferta de emprego que você publicou no jornal — disse depois de um tempo —, suponho que acredita que a coisa de que sua empresa mais precisa é promover uma mudança de paradigma na maneira de liderar as pessoas que trabalham aqui.

O presidente franziu o cenho, desorientado. Enxugou o suor da testa com o lenço rosa e perguntou:

— Mudança de quê?

— Refiro-me a mudar a maneira como são pensadas, ditas e feitas as coisas nesta consultoria. Pode parecer despropositado, mas o que lhe proponho é uma mudança radical na maneira de viver a companhia. Não é isso que você está procurando?

— Talvez, mas agora mesmo não acho que seja o momento adequado. — Nas axilas de Jordi Amorós se desenhavam duas manchas escuras, que iam se expandindo lentamente por sua camisa.

Pablo Príncipe se levantou da cadeira e abriu a porta do escritório. Deu um rápido olhar nos outros candidatos e se virou para fitar pela última vez o presidente.

— Espero que encontre aí fora o que está procurando.

O presidente não respondeu. Ficou sentado na cadeira, com as mãos na cabeça.

Ao sair da sala de Jordi Amorós, Pablo encontrou de novo Verónica Serra, que desligou repentinamente o telefone.

— Como foi a entrevista, Pablo? Você vai ficar com a gente?

Pablo Príncipe olhou-a com ternura e sorriu, despertando um sorriso faceiro no rosto da recepcionista.

— Parece que não sou o que seu chefe precisa.

Verónica deixou seus ombros caírem e suspirou um pouco cabisbaixa.

— Se dependesse de mim, você já estaria contratado. Sinto muito.

— Não sinta, aconteceu o que tinha de acontecer. Espero que você tenha um bom dia.

Depois de se despedir, desceu as escadas e cruzou com Bernardo Marín.

— E então, sou uma velha raposa ou não?

Pablo Príncipe negou com a cabeça, tirou a gravata e voltou a guardá-la no bolso.

— Malditos tubarões! — o zelador voltara a ficar irritado. — Por que temos sempre de perder os bons?

De repente Jordi Amorós irrompeu na portaria.

— Pablo! Espere um momento! — disse. — Aquele de há pouco não era eu, mas meu velho eu. E não quero mais continuar sendo como era. Tomei uma decisão. Você quer ficar com a gente?

— Logicamente — respondeu. — Se quiser, começo amanhã mesmo.

O presidente e Pablo Príncipe firmaram o acordo trocando um aperto de mãos.

— Parabéns. Você é nosso primeiro diretor de recursos humanos.

— Muito obrigado, Jordi. Estou com vontade de revolucionar sua empresa. Além disso, tenho o pressentimento de que vamos nos dar muito bem.

"Revolucionar a empresa?", repetiu para seus botões o presidente. "Nos darmos muito bem?", mas em seguida riu de si mesmo, de seu velho eu.

— Com certeza — concluiu Pablo Príncipe —, porém a primeira coisa que gostaria de fazer é mudar o nome do meu cargo. Se você não se opuser, a partir de hoje o chamaremos de "responsável pelas pessoas e valores da organização".

— Não sei o que está achando, senhor Amorós, mas me parece maravilhoso — afirmou Bernardo Marín.

II

*Alguns chefes fazem
muito mal à saúde*

Segunda-feira, 14 de outubro de 2002

Assim que terminou a conversa, Verónica Serra arrancou os fones de ouvido, atirou-os na mesa e começou a correr para a Sala de Máquinas. Assim Jordi Amorós batizara, anos atrás, o lugar em que trabalhavam os 38 colegas da recepcionista. Cada um ocupava um cubículo individual, criado com divisórias de plástico cinza de 1,80 metro de altura. Aquele lugar era quase como seu lar: trabalhavam das nove da manhã às nove da noite, com duas horas para comer. Ou seja, dez horas por dia de segunda a sexta-feira, incluindo um ou outro fim de semana para atender às chamadas "necessidades de trabalho". Na Consultoria SAT mal havia espaço para fazer horas extras. E, se fosse o caso, não seriam remuneradas.

A Sala de Máquinas era um espaço sem luz natural e com pouca ventilação. No começo era difícil se adaptar. Na verdade, alguns cactos eram as únicas plantas que pareciam ter resistido ao passar dos anos... Embora ninguém pudesse afirmar com certeza que continuavam vivos. Visto de cima, aquele lugar parecia um labirinto. Para ver os rostos dos colegas, os trabalhadores eram obrigados a ficar em pé. Aos empregados mais baixos, por sua vez, não restava outro remédio a não ser ficar na ponta dos pés ou subir nas mesas. Por isso se comunicavam na maioria das vezes por telefone.

O único escritório privado da Sala de Máquinas era o do consultor-chefe Ignacio Iranzo, ao qual se chegava por uma escada em caracol. Estava localizado a quatro metros do chão, de onde podia observar o resto dos empregados. A porta estava sempre fechada.

— Por favor, prestem atenção! — gritou Verónica Serra assim que entrou. — Ignacio vai voltar hoje!

Durante alguns segundos, todo mundo parou de fazer o que estava fazendo e se instalou um grande silêncio. Pouco a pouco os empregados foram saindo de seus cubículos; formaram pequenos grupos e começaram a comentar a notícia. Os consultores com os consultores. O pessoal de marketing com o pessoal de marketing. Os de finanças com os de finanças. Os de informática com os de informática... O coração da Consultoria SAT estava havia anos dividido, e ninguém parecia querer dar o primeiro passo para juntar as pessoas.

No círculo formado pelos consultores as faíscas pulavam. Faltavam menos de cinco horas para o início da apresentação de um novo serviço, especialmente desenhado para o cliente mais importante da empresa. Por isso todas as preocupações estavam voltadas para Manuela Marigorta e Alicia Oromí, encarregadas de elaborar o PowerPoint e o informe correspondente.

— Como vão as coisas? — perguntou um dos consultores.

— Vocês ensaiaram a apresentação desta tarde? — acrescentou outro.

— Digam-nos que vão fazer tudo como manda o figurino! — exigiu um terceiro.

Manuela Marigorta começou a coçar a orelha com a mão direita enquanto olhava de soslaio o relógio no braço esquerdo. Em seguida tirou os óculos e começou a limpá-los com delicadeza. Tentava ganhar alguns segundos, esperando que sua companheira assumisse as rédeas da conversa. Mas Alicia Oromí se escondera nos lavabos da Sala de Máquinas. Sentada na tampa do vaso sanitário, rezava para que ninguém se lembrasse dela.

— Está tudo sob controle — disse depois de um tempo Manuela Marigorta, cruzando os braços e desviando o olhar para o chão. — Bem, quase tudo... Mas acho que ficou bem legal... — O grupo começou a pressioná-la com gestos de incredulidade. — Bem, não sei... — Deu uma olhada ao redor e perguntou desesperada — Onde Alicia se meteu?

No resto dos grupinhos acontecia mais ou menos a mesma coisa. Os empregados atiravam a culpa uns nos outros, esquivando-se de qualquer tipo de responsabilidade. Suas relações de trabalho eram regidas de acordo com a lei da selva: na Sala de Máquinas acontecia todos os dias uma luta pela sobrevivência. Competiam para não se transformar em presas do único predador vestido com terno e gravata: Ignacio Iranzo. Depois de um mês afastado, estava prestes a voltar a colocar suas garras no escritório. Embora lhes tivesse afirmado que Ignacio havia passado por um momento difícil em sua vida pessoal, o presidente não soube explicar exatamente do que se tratava. Como consultor-chefe, Ignacio Iranzo não hesitava em dizer aos demais o que pensava. Mas como ser humano era incapaz de manifestar o que sentia.

Bernardo Marín estava varrendo o chão da portaria quando viu entrar um homem corpulento e barrigudo, de uns 37 anos.

— Bom dia, senhor Iranzo — sorriu o zelador, surpreso. — Há quanto tempo não o vejo! Como vai o senhor?

Sem nem sequer olhá-lo, Ignacio Iranzo esticou um braço com a palma aberta na direção de Bernardo Marín:

— Agora não, Bernardo — alfinetou-o. — Não tenho tempo para conversas. Hoje será um dia de muito trabalho.

O zelador apoiou suas mãos na vassoura e suspirou. "Maldito tubarão desalmado!", gemeu para seus botões. "O que lhe custaria me dar bom dia?"

Verónica Serra estava ensaiando há dez minutos uma agradável manifestação de boas-vindas quando viu Ignacio passar como um raio; ele se limitou a lhe dizer bom dia sem sequer lhe dar a chance de devolver a saudação de cortesia. Atônita, começou a balançar a cabeça em silêncio, franzindo o rosto com raiva.

Na Sala de Máquinas os empregados pareciam muito concentrados na tela de seus respectivos computadores. Mas apenas dissimulavam. Na realidade, todos estavam atentos ao seu chefe direto, que caminhava com passo firme para sua sala. Apoiado na porta, Ignacio Iranzo acendeu um cigarro e expeliu a fumaça com violência. Para sua sorte e desgraça de seus pulmões, ainda não havia nenhuma lei que proibisse fumar no trabalho.

— Olá para todos. Espero que tenham desfrutado suas férias. — E depois de dar outra profunda tragada no cigarro, acrescentou — Manuela! Alicia! Venham à minha sala agora mesmo!

Salvo as mencionadas, todos os demais soltaram um longo e sustentado suspiro de alívio.

A cadeira de Ignacio era alta, ampla e muito confortável. Acomodado em seu trono, deixou o cigarro queimar até o filtro e o apagou em um cinzeiro branco que havia sobre a escrivaninha. De tanto usá-lo, fora adotando uma cor acinzentada, com pequenas manchas laranja e amarela. Enquanto isso, as empregadas se sentaram em duas cadeiras de madeira, muito mais baixas do que a do chefe.

— Ficamos felizes por ter se recuperado — comentou Manuela Marigorta, e, com muita delicadeza, acrescentou — Como está se sentindo, senhor Iranzo?

— Perfeitamente bem — resmungou, colocando os pés em cima da mesa. — Por acaso não estão percebendo?

Alicia Oromí encolheu os ombros e olhou para sua companheira, que tirou os óculos e voltou a limpá-los com delicadeza.

— Senhor Iranzo — sussurrou com timidez —, Alicia e eu gostaríamos de lhe dizer que... Bem, que passamos um mês muito estressado; mal tivemos tempo para descansar e desfrutar nossa vida fora do trabalho...

— Eu chamo isso de "trabalhar" — interrompeu-a. Ignacio exigia que sua autoridade fosse respeitada. E não tolerava desobediência. — Quero lhes recordar que estão diante de uma pessoa muito séria, que não gosta de perder tempo com besteiras. Não entendo por que ainda não começamos a ver o PowerPoint!

Alicia Oromí carregou o arquivo correspondente no computador de Ignacio Iranzo e esperou que sua companheira reassumisse o papel de porta-voz. Manuela Marigorta ficou calada e, depois de alguns segundos de incômodo silêncio, deu uma sutil cotovelada em sua companheira, que fez como se nada tivesse acontecido.

— E então? Do que se trata? É o primeiro PowerPoint que apresenta a si mesmo? Ou vocês estão pensando em fazer uma apresentação para surdos? — ironizou Ignacio, acendendo outro cigarro.

Manuela Marigorta começou a morder as unhas e a mexer com inquietação a perna direita. "Como odeio esse cara!", pensou. "E como odeio este trabalho!" Logo depois começou sua exposição.

Dois minutos depois, Ignacio Iranzo apagou bruscamente o cigarro, colocou as mãos atrás da cabeça e interrompeu a apresentação.

— Pare com isso agora mesmo, Manuela — Ignacio se levantou de seu trono, deu um par de voltas ao redor da escrivaninha e, olhando ao longe, afirmou — Vamos ver como posso me expressar sem ferir seus sentimentos... Vocês estão cansadas de saber que não gosto de ser sempre o bandido do filme, mas se queremos que nos paguem por nosso trabalho alguém tem de fazê-lo. Vocês pretendem mesmo fidelizar nosso cliente com estas ideias tão pouco inovadoras? Se há uma coisa que os clientes não suportam é que insultemos sua inteligência! Por acaso vocês não sabem que é sempre necessário lhes dar mais do que nos pedem? Não lhes repeti mil e quinhentas vezes que é necessário cuidar deles e até mimá-los, se for necessário? E que para que fiquem realmente satisfeitos com nosso trabalho temos de dormir no escritório... Dormir no escritório e ponto!

Manuela puxou a gola da blusa e engoliu em seco. Alicia permanecia muda e rígida, como uma estátua. Nenhuma das duas se atrevia a olhar o rosto do chefe.

— Enfim, ninguém poderá me dizer que não tenho tentado. Mas está claro que não posso delegar nada. Como dizia meu avô: se você quer um trabalho bem-feito, faça-o você mesmo... Ao fim e ao cabo, é preciso exigir de cada um aquilo que pode fazer. Andem, saiam e tentem fazer alguma coisa que seja útil. E que ninguém me incomode até a chegada dos clientes!

Manuela Marigorta e Alicia Oromí desceram as escadas comentando em voz muito baixa que seu chefe parecia mais irritado do que nunca... De repente, Ignacio surgiu na porta da sala e dividiu com todo o escritório um par de perguntas retóricas:

— Por que vocês não conseguem ser um pouquinho mais como eu? Por que não conseguem ser mais sérios?

Depois de bater a porta com violência, voltou a se sentar no trono. Nervoso e aborrecido, tirou um maço de cigarros do paletó e constatou que estava vazio.

— Maldito seja!

Resignado, Ignacio Iranzo atirou o isqueiro no chão e bateu na escrivaninha com os dois punhos. E o fez com tal força que as duas guimbas pularam do cinzeiro, esparramando-se sobre a mesa. Depois de um instante de profundo silêncio, começou a acariciar sua aliança de casado. Tirou-a do dedo anular e sustentou-a com carinho e delicadeza.

— Sinto muito, querida. Sinto ter falhado desta maneira — sussurrou. E, cobrindo o rosto com as mãos, gemeu. — Por que isso tinha que acontecer comigo? Maldito seja! Por que logo comigo?

Em seguida voltou a colocar a aliança. Enquanto a beijava com ternura, começou a chorar, contendo-se para que ninguém pudesse ouvi-lo.

A caminho da Sala de Máquinas, o presidente tapou o nariz e a boca com o lenço rosa, respirou fundo e guardou-o de novo no bolso. Ao entrar, tossiu várias vezes até que todos ficaram em silêncio.

— Boa tarde. Concedam-me um momento de atenção. Tenho o... Isto... — Jordi Amorós pegou de novo o lenço e começou a enxugar o suor da testa e do pescoço. — Quero lhes apresentar o novo responsável pelas pessoas e os valores desta consultoria.

— E o que aconteceu com o antigo? — brincou uma voz a distância, procedente do departamento de informática.

Ninguém riu. Todo mundo estava esperando. Salvo a recepcionista Verónica Serra, na Consultoria SAT ninguém tinha a menor ideia do que estava acontecendo.

— Bem, brincadeiras à parte, só quero lhes dizer que se avizinham... — Jordi Amorós voltou a tapar a boca com o lenço rosa. — Enfim, vamos mudar algumas coisas na maneira de trabalhar nesta empresa. Não é verdade, senhor Príncipe, digo, Pablo?

Pablo Príncipe sorriu, deu alguns passos para frente e contemplou durante vários segundos os rostos dos novos colegas. Ignacio Iranzo, por sua vez, abriu timidamente a porta da sua sala e ficou atrás dela, em silêncio.

— Espero que estejam tendo um bom dia. Meu nome é Pablo e meu objetivo é promover mudanças que nos permitam construir um ambiente profissional saudável e sustentável. Acredito com toda a honestidade que ser feliz no trabalho não só é possível, como é um direito fundamental de qualquer ser humano. Para isso, é necessário levar uma vida equilibrada. Meu compromisso é com que o horário de vocês seja flexível e que gozem da maior autonomia possível para administrar livre e responsavelmente seus compromissos e suas vidas profissionais.

Manuela Marigorta arqueou as sobrancelhas. Não conseguia acreditar no que acabara de ouvir. Alicia Oromí se limitou a sorrir.

— Como vocês sabem — continuou Pablo, caminhando diante dos colegas —, o capitalismo ainda é a filosofia do sistema monetário em que nos coube viver. Por isso o capital se transformou no centro da nossa existência. Mas graças à corajosa e arriscada aposta de nosso presidente, a Consultoria SAT resolveu se transformar em uma empresa pioneira, adiantando-se em alguns anos à nova filosofia que irá emergir durante as próximas décadas: o humanismo. Ou seja, vamos potencializar ao máximo o seu bem-estar para que assim possam dar o melhor de vocês mesmos. Nossa visão é que se conseguirmos eliminar os obstáculos que estão impedindo vocês de ser felizes no trabalho, com o tempo sua motivação aumentará e ao mesmo tempo sua criatividade e sua produtividade, multiplicando em médio prazo os resultados financeiros da consultoria. Para provar nosso compromisso e demonstrar que o dinheiro está a serviço de vocês, e não o contrário, a partir do mês que vem vamos aumentar os salários em dez por cento.

O presidente pressionou o coração com a mão direita, achando que a qualquer momento teria um infarte. E, com a esquerda, voltou a tapar a boca com o lenço. Apesar de aspirar e expirar profundamente várias vezes, não conseguiu se acalmar. "Confie no que não pode ver, Jordi", disse para seus botões. "Confie uma santa vez no que não pode ver!"

— Antes de sair — acrescentou Pablo Príncipe —, peçam a Verónica Serra que lhes entregue um questionário a respeito da sua satisfação profissional... Por favor, preciso que ele seja devolvido ao longo desta semana. Podem ser o mais sincero possível; é uma coisa totalmente anônima. Ah! A partir de amanhã venham trabalhar vestidos como se sentirem mais confortáveis. Só os convidaremos a vestir ternos e tailleurs quando acharem oportuno. Não se esqueçam de que as mudanças que vamos promover perseguem o crescimento desta empresa em todos os sentidos. Para conseguir esta transformação, vamos motivá-los a se comprometer com seu próprio crescimento como seres humanos — Sem parar de sorrir, Pablo concluiu. — Pode ser que, aqui e agora, vocês tenham dificuldade de acreditar, mas somos muitíssimo mais do que parecemos ser. Como escreveu Antoine de Saint-Exupéry, "o essencial é invisível aos olhos".

Do alto de sua sala, Ignacio Iranzo cruzou os braços. Sem tirar os olhos de cima de Pablo Príncipe, perguntou a si mesmo: "Quem esse cara acha que é? O Pequeno Príncipe?"

III

*O homem atual
continua sendo um escravo*

Segunda-feira, 24 de maio de 1999

Três anos e meio antes de seu discurso inaugural como responsável por pessoas e valores da Consultoria SAT, Pablo Príncipe trabalhava no departamento de recursos humanos de uma das consultorias mais famosas do planeta, embora sua história acadêmica deixasse muito a desejar. Havia sido um dos últimos colocados da sua turma. Por isso, depois de se formar em administração de empresas, ninguém esperava muito de sua carreira profissional.

Pablo era considerado a ovelha negra da própria família. Sobretudo porque se empenhava incessantemente em seguir um caminho próprio na vida, por mais que ainda não soubesse para onde ir. Entretanto, seu desejo esbarrava sempre no muro imposto pelo pai, um empresário que havia se esforçado em tornar realidade um de seus objetivos vitais: conseguir que um de seus quatro filhos, todos eles homens, estudassem e se dedicassem a trabalhar no mundo dos negócios. E a verdade é que não teve muitas dificuldades com os mais velhos. Mas com o caçula não foi tão fácil. Pablo era diferente, e sua diferença era considerada um comportamento que era necessário consertar, o que lhe causou muitos problemas e conflitos ao longo de toda a infância, adolescência e juventude.

Finalmente, Pablo havia cedido à pressão do pai. Assim como muitos outros jovens do entorno, sentia-se perdido. Por não contar com uma bússola interna que lhe revelasse sua verdadeira vocação, resolveu transitar pela larga avenida da resignação e do conformismo, atendendo assim às expectativas impostas pela sociedade. Assim que tomou aquela decisão, Pablo se sentiu derrotado por seu maior inimigo: o medo. Tanto que não hesitava em reconhecer perante os companheiros de universidade que era um "homem atormentado".

Os anos foram passando e seu tormento não fazia mais do que se expandir em suas veias. Sabia que estava vivendo uma vida de segunda mão e era incapaz de enganar a si mesmo, de olhar para o outro lado. Por mais que lhe doesse, Pablo começou a escarafunchar em seu interior. Intuía que lá dentro encontraria as respostas que não havia sido capaz de achar no lado de fora. Assim, começou a viver uma vida dupla. Durante o dia trabalhava em uma empresa na qual não acreditava, fazendo coisas que na verdade odiava. À noite se livrava por algumas horas de suas correntes, lendo durante horas e horas todo tipo de livros de psicologia e filosofia. Naquela época, sua profissão era encontrar o caminho até ele mesmo. Só estava comprometido em saber quem era e de que maneira poderia criar uma existência plena, construtiva e que tivesse significado.

Embora estivesse há mais de dois anos e meio batendo ponto no escritório, desde o primeiro dia Pablo Príncipe se negara a usar gravata. Era a forma que encontrara para protestar pacificamente. Essa conduta havia lhe custado várias reprimendas, e até alguma bronca mais intempestiva, tanto dos chefes quanto dos próprios colegas de trabalho. Talvez fosse por sua juventude — acabara de completar 27 anos —, mas a verdade é que era considerado um dos empregados mais rebeldes e difíceis de administrar da consultoria. Segundo os últimos rumores, seria demitido a qualquer momento.

Os dois companheiros que trabalhavam com ele no departamento se calaram quando o viram entrar. Embora fosse segunda-feira, estavam falando sobre a vontade que tinham de que chegasse a sexta-feira. Eram dez e meia da manhã e mais uma vez Pablo Príncipe estava atrasado. Seus cachos dourados estavam alvoroçados e tinha uma barba descuidada de pouco mais de três dias. Assim que se sentou diante da mesa e antes de ligar o computador, resfolegou sonoramente. Sem dizer nada, acomodou-se na cadeira e fechou os olhos, cruzando as pernas em cima da mesa.

— Eu não consigo entendê-lo, Pablo — resmungou um dos colegas. — Veja que eu tento, mas você torna tudo muito difícil. Como pode ser tão largado?

— Me deixe em paz. Não está vendo que estou trabalhando?

— Você, trabalhando? Olhe... Estou de saco cheio de você, Pablo! Não passa de um vagabundo! Não se dá conta de que estamos construindo aqui o que acontece lá fora? Deveria se sentir orgulhoso! Graças ao nosso trabalho as empresas estão melhorando o rendimento, gerando mais riqueza ano após ano. Além do mais, quantas vezes terei de repetir que somos o número um de nosso setor! O número um, Pablo!

Quase sem se mexer e com os olhos ainda fechados, Pablo começou a rir.

— O que está acontecendo? — recriminou-o seu companheiro. — Por acaso eu disse alguma coisa engraçada?

Pablo Príncipe abriu os olhos e olhou-o fixamente. E, franzindo o rosto, afirmou com dureza:

— Não sei o que me preocupa mais, se é o fato de você acreditar no que acabou de dizer ou de estar apenas fingindo. A quem você está tentando convencer? Caso ainda não tenha se dado conta, você só interessa aos lá de cima porque em troca de um salário e de uma jornada de trabalho de escravo gera benefícios econômicos ao final de cada mês. Não estamos construindo aqui nada que valha a pena. Como você pode acreditar que esta consultoria está melhorando o funcionamento de outras empresas se nos trata como se fôssemos máquinas? Dê uma olhada ao seu redor. Tanto faz para que andar do edifício você olhe: isto aqui é um cárcere. Querem que acreditemos que se trata de um trabalho, mas, na realidade, é uma nova forma de escravidão! Não sei você, mas eu não vejo muita gente sorrindo. Não vejo ninguém que pareça se divertir. Aqui todo mundo está cansado, estressado ou muito irritado... Assim, por que você não para de enganar a si mesmo e aos demais? Se você se importasse de verdade com o que acontece lá fora, acredite em mim, não estaria trabalhando nesta consultoria...

— Você é um idealista, Pablo! — interveio o outro colega. — Não consegue enxergar como o mercado está competitivo? A maioria dos meus amigos pagaria para ter a oportunidade de trabalhar aqui... Pode ser que não seja um lugar perfeito, mas nenhum chega a ser. Além do mais, o que você quer que a gente faça? Somos jovens, porém estamos cansados de saber que não nos resta outro remédio do que dar duro. Amadureça de uma vez por todas, Pablo, e assuma que é isso o que existe... Eu pelo menos aposto em me esforçar e trabalhar pesado. Sei que assim acabarei tendo a promoção que mereço.

— E então o que você fará? — interrompeu-o Pablo Príncipe, apertando os punhos com força. — Continuará trabalhando em alguma coisa que não tem nenhum sentido. E ainda por cima com um horário ainda pior. Ah! É verdade! Terá um cargo mais importante! Terá mais dinheiro! E será mais respeitado! Entretanto, de que lhe servirá a admiração dos outros? Por dentro continuará a mesma coisa, desejando a cada segunda-feira que chegue o fim de semana... Acorde de uma vez! Se continuar assim acabará sendo como seu pai, como o meu, como tantos outros... Quer se transformar em um amargurado, só que de gravata?

Os dois companheiros se olharam e balançaram a cabeça.

— Eu sei o que está acontecendo com você, Pablo — afirmou um deles. — Você se recusa porque sabe que pessoas como você não progridem na vida.

— Suponho que você já saiba — acrescentou o outro —, mas seus dias estão contados. Pelo menos é isso que se comenta nos corredores.

Pablo levou as mãos à cabeça e disse:

— Vou lhes dizer a verdade: tomara que me demitam! Se eu tivesse coragem, já teria largado tudo há muito tempo... Não sei vocês, mas eu preciso acreditar e sentir paixão pelo que faço, sentir que participo de um projeto útil que aporte valor agregado às pessoas. Estou cansado de me resignar! Não vim a este mundo para ganhar dinheiro. Muito menos à custa de me transformar em uma pessoa séria, vazia e medíocre!

Ao ver que os colegas começavam a rir, Pablo Príncipe fez um gesto de que ia dar um soco na mesa e saiu sem dizer palavra. Uma vez fora da sala, começaram a sussurrar:

— Que saber de uma coisa?
— Sim.
— Desisto de Pablo. Ficou louco.
— Estou de acordo. Sempre foi um bicho estranho no escritório.
— Vai ficar sem trabalho. No fundo, tenho pena.
— Eu também.

— Bem, vamos continuar ralando, porque hoje eu gostaria de sair antes das dez da noite.
— E por quê?
— É o aniversário da minha namorada.
— E vocês não podem comemorar outro dia? Digo isso porque estão comentando que os caras lá de cima estão soltando faíscas.
— Eu sei, ouvi alguma coisa a respeito.
— Sei que estamos muito longe de cumprir as metas econômicas do trimestre. Sei não, mas acho que não é um bom momento para você tirar o corpo fora. Olhe, me ouça. Com o tempo acabará me agradecendo. Quando formos promovidos e estivermos ganhando um tremendo salário certamente sua namorada também lhe agradecerá.
— Você tem razão. Vou ligar para ela agora mesmo e dizer para adiarmos o jantar.

IV

A improdutividade do sofrimento

Quarta-feira, 13 de novembro de 2002

Há várias semanas, o novo horário de trabalho na Consultoria SAT era das nove da manhã às duas da tarde e das três às seis, com uma hora e meia de flexibilidade para a entrada e a saída, uma medida que Ignacio Iranzo assinou a contragosto. Embora os empregados tivessem comemorado a mudança com entusiasmo, até aquele momento ninguém se atrevera a abandonar a Sala de Máquinas antes das nove da noite.

À primeira hora da manhã, Pablo Príncipe se instalou na sala do presidente, para onde convocou, um a um, todos os profissionais da consultoria. Queria ouvir em primeira mão críticas, queixas, ideias e outros comentários que tivessem o objetivo de melhorar as condições de trabalho dos quarenta seres humanos que haviam compartilhado um mesmo teto durante 12 horas por dia, cinco dias por semana e 49 semanas por ano.

Paciente e atento, Pablo foi anotando em seu caderno até o menor dos detalhes de tudo o que iam lhe contando. Ouvia empática e silenciosamente. Quase não intervinha. Fazia apenas uma ou outra pergunta, mostrando sincero interesse em compreender a situação da pessoa que estava na sua frente. Estranhamente confortáveis, os empregados se deixaram levar e quase todos disseram o que realmente sentiam e pensavam.

— Não quero parecer muito crítico ou prepotente — disse um consultor, bastante irritado —, mas, na minha humilde opinião, me parece patética a forma como as coisas estão sendo feitas aqui. Às vezes sinto que sou a única pessoa inteligente desta consultoria. Falta iniciativa e liderança! A única coisa que Iranzo faz é nos dar broncas, apontando constantemente o que fazemos de errado ou o que podemos fazer melhor. É a pessoa mais exigente que conheci em toda a minha vida. Por mais horas que trabalhe e por mais que me esforce, nunca está satisfeito com meu trabalho. Sempre quer mais. Sempre quer que faça melhor. A verdade é que estou de saco cheio que me exijam compromisso e dedicação enquanto julgam sem parar o que faço. Eu me sinto desprezado e enganado por esta empresa.

— Não gosto de falar mal dos meus colegas, mas já que você está perguntando, aqui todo mundo defende o seu — disse Verónica Serra, diminuindo o tom de voz com delicadeza. — Eu tento ajudar os outros como posso, porém às vezes acho que sou a única que faz isso. Nesta empresa ninguém se preocupa com ninguém. Aqui as pessoas só pensam nelas mesmas. Não recordo a última vez que alguém me perguntou como eu estava. O que mais me dói é a falta de gratidão. Aqui impera o excesso de egoísmo. Suponho que isso se deve à influência que Ignacio tem sobre todo mundo. Sei que está passando por um mau momento, mas como chefe não é nenhum exemplo de generosidade nem de altruísmo. Estou um pouco triste e decepcionada com a atitude extremamente individualista de meus colegas Mas não diga isso a ninguém, ouviu? Na realidade, me dou muito bem com todos eles.

— O problema é que não estamos à altura dos nossos concorrentes — definiu um executivo da área de marketing, cujo terno resplandecia. — E uma vez que, de maneira geral, o quadro de empregados é muito pouco competitivo, é difícil trabalhar em equipe com profissionalismo. Eu me considero um sujeito eficaz e competente, no entanto aqui ninguém valoriza o que faço. Outro dia, por exemplo, fechei um acordo de colaboração com um novo cliente. Estou falando de centenas de milhares de euros. Mas ninguém se dignou a me dizer nada. Aqui o mérito não é reconhecido nem premiado. E já que você está perguntando, às vezes me sinto um pouco frustrado. Estou bem, acredite. Mas às vezes sinto que passo despercebido, como se tudo o que estou conseguindo não tivesse a menor importância. Não sei mais o que posso fazer para impressionar Ignacio.

— Vou logo avisando que sou um bicho estranho no escritório — apresentou-se uma consultora, enfurnada em um vestido violeta, que combinava com seus óculos modernos. — Certamente é porque tenho uma forma muito diferente de ver as coisas, porém tenho muita dificuldade de entender por que Ignacio rejeita todas as ideias que sugiro. Aqui entre a gente, pode até ser que seja um grande consultor, mas como pessoa é muito superficial. E até um pouco vulgar. Sinto que tolhe minha criatividade. Não quero fazer nenhum drama, mas tenho a sensação de que posso lhe dizer o seguinte: nesta empresa não posso ser eu mesma. Ninguém me compreende. Me sinto invejada e ignorada por meus colegas. Não me perdoam que seja diferente, especial. Além do mais, não gosto de ser obrigada a fazer coisas que vão contra meus princípios. Custe o que custar, quero ser fiel a minha forma de ser.

— Quero que você saiba que estas entrevistas cara a cara me incomodam. Acho que o que me agrada e não me agrada é problema meu — afirmou um funcionário da área financeira, quase sem gesticular. — No entanto, já que estamos aqui, quero dizer que nem meu espaço nem minha intimidade são respeitados. Trabalhamos amontoados e por isso não acho estranho que as pessoas se dispersem. Não sou nenhum dedo-duro, mas me consta que aqui se perde muito tempo jogando paciência e navegando na internet. Sei de muitos colegas que passam horas e horas escrevendo e-mails pessoais e batendo papo no skype. Há muita gente que não para de falar da vida íntima, como se estivéssemos em um bar... Não vou fazer rodeios. Tudo isso me aborrece. Às vezes acho que Iranzo nos observa lá de cima. E o que é mais engraçado: meu cubículo fica exatamente debaixo da sua sala.

— Acho que somos muito pressionados. Bem, talvez não — hesitou Manuela Marigorta. — Há sempre tanto trabalho pendente e são tão poucas as diretrizes... Não sei, eu gostaria que alguém me dissesse exatamente o que tenho que fazer e como tenho que fazê-lo para corresponder ao que se espera de mim. Mas ao mesmo tempo é pedir muito, não é mesmo? O fato é que alguém deveria encarar Ignacio de uma vez por todas. Ele é o chefe mais autoritário que tive em toda a minha vida. Eu me considero uma pessoa leal, porém não confio mais nele. Na verdade, faz muito tempo que deixei de acreditar no que faço. Esta consultoria perdeu completamente o rumo. Aqui ninguém sabe para onde estamos indo. Há uma falta total de valores. Não sei... Acho que perdi as ilusões e estou pensando seriamente em ir embora. Bem, não tão seriamente. Mas ainda não tenho nada claro.

— Nesta empresa todos são muito chatos! — comentou um funcionário da área de informática. — Sim, sim, é o que você está ouvindo... Estou cercado de gente cinzenta. Quando cheguei, tentei animar todo mundo. Me encarreguei de produzir jantares. Planejei idas a vários bares e restaurantes. Você sabe, para dar umas gargalhadas e tomar uns drinques. Mas nada. Só consegui reunir todo mundo duas vezes em quatro anos. Você consegue acreditar? É o que estou lhe dizendo, este lugar mais parece um cemitério. As pessoas levam a vida muito a sério! Obrigações e responsabilidades, isso é tudo o que ouço por aqui. Suponho que você tenha percebido, mas na Sala de Máquinas há um clima pesado impressionante... Não acho estranho. O que poderíamos esperar de um chefe tão rabugento como Ignacio? Cada dia que passa eu me sinto menos motivado. Se não podemos nos divertir, que apaguem a luz e nos mandem embora!

— Me incomoda muitíssimo que me digam o que tenho que fazer e como tenho que fazê-lo — comentou uma funcionária do departamento de marketing, olhando fixamente nos olhos de Pablo Príncipe. — Não suporto que me controlem. Você não sabe como me aborrece o fato de não confiarem em mim! Eu deixei isso bem claro logo no primeiro dia. Para trabalhar direito é necessário que me deixem respirar. Preciso poder fazer as coisas do meu jeito. Mas você está vendo. Aqui impera a lei da selva. E por mais que me chateie, não me resta outro remédio a não ser lutar e ser forte. Sorte que você esteja aqui, Pablo. Para ser honesta, este lugar é um nojo! Às vezes fico com vontade de dizer a Ignacio umas verdades sobre sua forma de ser e sobre sua maneira de tratar as pessoas. E não só a ele. Aqui dentro se respira muita injustiça, muita injustiça...

Alicia Oromí foi a última a conversar com Pablo.

— Eu acho que tudo está bem assim como está.

— Você acha mesmo que não há nada que possamos fazer para que se sinta mais à vontade?

Alicia vacilou por alguns segundos, cruzou os braços sobre a barriga e negou com a cabeça.

— Está bem, Alicia. Muito obrigado por sua colaboração. Se precisar de qualquer coisa, me fale, por favor.

— Obrigado, Pablo. Estou indo, pois tenho muito trabalho — mentiu, esboçando um sorriso de orelha a orelha que contrastava com seu olhar tristonho.

Depois de muitas horas ouvindo, Pablo foi aos lavatórios da Sala de Máquina. Eram cinco da tarde, e todo mundo continuava sentado diante do computador. Ao entrar, colocou seu caderno em cima da pia e ficou em pé diante de um dos dez mictórios disponíveis. De repente, Ignacio irrompeu no banheiro. Ficou exatamente ao seu lado e desceu o zíper. Seus olhos estavam injetados de sangue. Acabara de dar uma bronca monumental em Manuela Marigorta e Alicia Oromí diante de todos os colegas. O melhor cliente da consultoria acabara de lhe confirmar por telefone que deixaria de contar com seus serviços. Pelo menos temporariamente. Pelo visto, a apresentação realizada em meados de outubro estivera muito abaixo de suas expectativas.

— Você parece ser um sujeito simpático — acabou comentando Ignacio. — Para ser sincero, seu discurso de apresentação me... — Fechou os olhos e com o punho fechado bateu várias vezes no peito. — Desde então, me esforço para ver nossos empregados como seres humanos, com seus sentimentos, seus desejos, seus sonhos, suas expectativas... Mas nada. Devo ser um caso perdido. Por mais que tente, para mim continuam sendo como máquinas... Máquinas que obedecem a ordens para cumprir objetivos. Para isso lhes pagamos todos os meses, não é mesmo?

Pablo permaneceu em silêncio.

— Não sei com que objetivo você se incomoda dando-lhes falsas esperanças — continuou Ignacio. — Nós dois sabemos que para que isto aqui funcione é necessário estar sempre de mau humor e ter mão pesada. Além do mais, não nos convém que os trabalhadores fiquem confusos, achando que iremos priorizar suas supostas necessidades em detrimento das metas da empresa. Isso só complicaria as coisas. Não sei se você me entende...

Ignacio subiu o zíper e foi até a pia. Pegou o caderno de Pablo e começou a xeretar.

— O que está acontecendo? Você não fala? Olhe aqui, Pequeno Príncipe, vou deixar bem claro, para que não me interprete mal... É possível que você tenha enganado o velho, mas a mim você não vai sacanear. Não gosto de você e não gosto de suas besteiras humanistas. A felicidade é patrimônio dos tolos! Por isso não nos faça perder nosso valioso tempo! — Ignacio Iranzo acendeu um cigarro e deu três tragadas seguidas. — Pode ser que você ainda não tenha percebido, mas o mundo se transformou em um negócio. Se não formos fortes e competitivos, não conseguiremos sobreviver... Estamos ou não estamos de acordo, Pequeno Príncipe?

Pablo começou a lavar as mãos para ganhar tempo. "Respire e não considere isso como uma coisa pessoal", pensou. "Ele simplesmente está tentando fazer com que você reaja. Você está aqui para servir, e não para brigar."

— Não pretendo criar problemas para esta empresa — afirmou com serenidade. — Não sei como você vê as coisas, mas sei que se remarmos juntos na mesma direção melhoraremos a qualidade de vida das pessoas que trabalham aqui, aumentando em médio prazo os resultados econômicos de nossa consultoria.

— Como "nossa"? Não se engane. Você é um recém-chegado, e eu trabalho aqui há 13 anos. Além do mais, esta aqui não é uma equipe de remo, Pequeno Príncipe. E pode ir escrevendo logo em seu caderninho mágico que Ignacio Iranzo comanda seu próprio barco! — exclamou irritado, atirando o caderno no chão. — Eu gosto das coisas assim como estão, você está entendendo? E se ainda não sabia, Pequeno Príncipe, aqui quem manda sou eu! Não você! Sou eu! Entendeu?

A respiração de Ignacio era entrecortada e rápida. Por dentro era um vulcão em erupção. Só lhe faltava uma desculpa para explodir.

"Fique tranquilo, Pablo, aceite, porque ele não sabe o que diz", insistiu consigo mesmo. À sua maneira está fazendo o melhor que pode.

— Ficou muito claro para mim, Ignacio — respondeu com tranquilidade Pablo Príncipe.

Ignacio Iranzo o observou com estranheza. Não era a resposta que estava esperando. "Você está me sacaneando, Pequeno Príncipe?", perguntou a si mesmo.

— Você está me sacaneando, Pequeno Príncipe? — perguntou desta vez em voz alta, tomado pela raiva.

"Aceite-o, Pablo. Você não ganhará nada reagindo" — repetiu para si mesmo. "O homem que está na sua frente está canalizando seus sofrimentos para você. Tente não dizer nada que possa fazê-lo pular..."

Nesse exato momento Jordi Amorós entrou no lavabo, cantarolando uma canção alegre.

— Olhe para eles! Meus dois rapazes de confiança já vão juntos ao banheiro! — brincou o presidente.

Desta vez Ignacio não foi o único a permanecer calado. Pablo estava totalmente mergulhado em seus pensamentos.

— Suponho, Ignacio, que você já passou suas críticas construtivas ao nosso responsável por pessoas e valores — acrescentou Jordi Amorós.

— Exatamente, agora mesmo acabei de fazer uma exposição muito sincera sobre quais são meus valores... Ele anotou tudo em seu caderno — afirmou, apontando com o olhar para o chão. — Bem, companheiros de aventuras, continuaremos outro dia — despediu-se Ignacio, batendo com força nas costas de Pablo. — Você já sabe que conta com todo o meu... apoio.

Pablo Príncipe respirou profundamente, pegou o caderno no chão e disse a Jordi Amorós que queria conversar com ele em particular.

— Claro — respondeu-lhe com firmeza o presidente. — Venha ao meu escritório em cinco minutos. — E antes que Pablo saísse do banheiro, deixou aflorar sua inquietação. — O que você quer me contar... é uma coisa boa ou ruim?

— Depende de como você olhar.

Sentados cara a cara, o presidente disse a Pablo que era todo ouvidos. Esfregou as mãos e acrescentou:

— E então? Do que se trata?

— Queria conversar sobre a pesquisa de satisfação profissional.

Jordi tirou do bolso o lenço rosa e o segurou com as duas mãos.

— Vá em frente, estou preparado — suspirou, cerrando os olhos.

— Tenho excelentes notícias — sorriu Pablo, puxando o papel com os resultados.

— O quê? Como? Excelentes notícias? — exclamou Jordi Amorós, atirando o lenço na escrivaninha.

— De acordo com a pesquisa, 99% dos nossos funcionários estão muito infelizes com seu trabalho na empresa — afirmou Pablo Príncipe. — Apenas uma pessoa da organização não respondeu ao questionário, alegando que "a felicidade não existe".

Jordi Amorós ficou estupefato. "Mas que diabos eu fiquei fazendo todos estes anos à frente desta empresa?", pensou, colocando as mãos na cabeça.

Pablo deixou que o presidente pensasse por um tempo.

— Não vale a pena se lamentar, Jordi — disse depois. — O importante é o que você pode fazer agora, o que podemos fazer juntos. Uma coisa ficou muito clara: se continuarmos fazendo as coisas como fizemos até agora, continuaremos obtendo os mesmos resultados — disse Pablo Príncipe. — Pense um momento: de que maneira você acha que estamos tratando nossos clientes se nossos próprios funcionários reconhecem que são infelizes?

O presidente franziu o rosto e baixou o olhar, balançando a cabeça. Segundos depois, arqueou as sobrancelhas e se levantou.

— Nosso primeiro cliente são nossos empregados. Embora seja uma santíssima obviedade, até agora nunca havia pensado em colocar isso em prática — reconheceu.

— Isso costuma acontecer, Jordi. As coisas realmente importantes da vida são tão óbvias que acabamos nos desviando delas. — Jordi Amorós pegou o lenço e passou-o suavemente no rosto. — Por isso digo que as notícias são excelentes — acrescentou Pablo. — O bom de saber quando estamos no fundo do poço é que poderemos melhorar. Neste momento, nossos esforços e compromissos devem se concentrar em oferecer aos funcionários as melhores condições de trabalho possíveis.

— Quanto mais cuidarmos deles, mais eles cuidarão do cliente final — interrompeu-o o presidente.

— Exatamente. Trata-se do seguinte: não podemos lhes dar nenhum motivo para que se sintam vítimas da maneira como se trabalha nesta organização — disse Pablo Príncipe. — Enquanto tiverem desculpas externas para justificar sua insatisfação, consumirão seu tempo e sua energia procurando culpados. Na verdade, eles já estão agindo assim. Quase todos me confessaram que a falta de motivação e o baixo rendimento são resultados do péssimo ambiente profissional em que se desenvolve seu dia a dia. E o que lhe dizer a respeito de Ignacio? Acho que "tóxico" foi o adjetivo mais usado pelos funcionários para descrevê-lo.

— Tóxico... — repetiu o presidente, franzindo as sobrancelhas.

— Sim, sim, assim como você está ouvindo — assentiu Pablo Príncipe. — Muitos reconhecem que trabalhar na Consultoria SAT é nocivo a sua saúde mental... Chegou a hora de começarmos a construir um ambiente de trabalho mais humano. Desta maneira, os trabalhadores poderão se dar conta de que, na realidade, eles são os únicos responsáveis por seu bem-estar e por seu mal-estar. E esta tomada de consciência é o princípio básico da mudança que quero introduzir em sua consultoria.

— Nossa, querido Pablo, nossa. Agora somos uma equipe.

Pablo Príncipe sorriu.

— Para que nossa consultoria seja realmente criativa e inovadora, temos de fazer com que nossos funcionários vivam sua jornada de trabalho de forma livre, madura e responsável — acrescentou. — Precisamos ser cúmplices de sua felicidade, pois não há nada mais improdutivo e insustentável para uma empresa do que o sofrimento das pessoas que trabalham nela. E acredite, aqui dentro as pessoas estão zangadíssimas. A maioria esqueceu por que está aqui e para que serve seu trabalho — afirmou, dirigindo o olhar à Sala de Máquinas. — Se tivermos claro em nossa mente que eles são os primeiros clientes da empresa, teremos de agir de acordo. Cabe a nós dar o primeiro passo.

O presidente atirou seu lenço rosa na lata de lixo, se aproximou de Pablo Príncipe e sussurrou:

— Quer saber de uma coisa, Pablo? Vá em frente, faça o que for necessário. Eu confio em você.

Na Sala de Máquinas, Manuela Marigorta ficou nas pontas dos pés dissimuladamente para dar uma olhada nos outros cubículos. Seu relógio marcava seis da tarde, mas nenhum colega havia ido para casa. Todos continuavam sentados diante dos computadores. A maioria estava navegando na internet, conversando no Messenger ou jogando Paciência. A única exceção era Alicia Oromí, que adormecera em cima da escrivaninha.

"Ânimo, Manuela, você pode!", motivou-se internamente. "Seja corajosa e saia primeiro. E vai ver que todos a seguirão. Não, não, não. Você está louca! O melhor é ficar sentada para evitar que alguém olhe enviesado para você. Mas, Manuela, qual é a importância do que pensem os demais? São seis da tarde, e você tem o direito de ir para casa..."

Manuela pegou suas coisas, deu um par de passos com firmeza e logo voltou a se sentar diante do computador. "É melhor esperar e ver o que os outros vão fazer", pensou, concluindo assim seu debate interno.

Meia hora mais tarde, Pablo Príncipe entrou na Sala de Máquinas e logo percebeu que os funcionários observavam uns aos outros, procurando algum tipo de cumplicidade para poderem ir embora sem ser criticados nem repreendidos por algum companheiro. De vez em quando também olhavam temerosos para cima. Nenhum deles sabia com certeza se Ignacio Iranzo os vigiava de sua sala.

— Estou organizando um curso de introdução ao autoconhecimento e ao desenvolvimento pessoal para daqui a dois meses — anunciou de repente Pablo. — A participação é inteiramente voluntária. Para acertarmos as datas informem-se, por favor, na recepção. Verónica lhes dará todos os detalhes. E desfrutem muito bem a tarde! Estou indo para casa. — Um pouco antes de sair da Sala de Máquinas, virou-se e acrescentou: "Tenho certeza de que Ignacio não está mais aqui. Jordi acabou de me dizer que tirou folga hoje à tarde para ficar com a mulher."

A Sala de Máquinas ficou deserta em apenas cinco minutos. Era a primeira vez que os empregados saíam antes das nove da noite. E, por causa da emoção, esqueceram-se de avisar Alicia Oromí, que acordou horas mais tarde, confusa e desorientada.

V

*O verdadeiro cético
é o que explora
o que desconhece*

Sábado, 11 de janeiro de 2003

Era sábado, e por um dia a Sala de Máquinas transformou-se em uma improvisada sala de aulas de um curso de desenvolvimento pessoal. Em um dos extremos foi colocado um quadro-negro e foram distribuídas três filas de cadeira em forma de U. Ao encontro compareceram todos os empregados da Consultoria SAT e até mesmo Jordi Amorós. O presidente se sentou na primeira fila, ao lado das funcionárias Manuela Marigorta e Alicia Oromí; esta usava um vestido longo, branco e amarelo. Do outro lado do presidente estava a recepcionista, Verónica Serra, que lamentava não ter se arrumado melhor para a ocasião. Apareceram até mesmo vários funcionários da limpeza, assim como o zelador Bernardo Marín, que tentava ocultar a alegria que lhe causava poder se unir ao grupo.

O único que declinou de participar do encontro foi Ignacio Iranzo.

— O autoconhecimento e o desenvolvimento pessoal são besteiras inventadas para aliviar os débeis mentais! — gritara, enfurecido, dias antes, diante de dois funcionários. — Parece mentira que as pessoas continuem se deixando enganar, acreditando na felicidade e na paz interior... Só de pronunciar estas palavras me sinto estúpido e ridículo. Que maneira mais tola de perder tempo!

Embora ninguém se atrevesse a dizê-lo em voz alta, sua ausência foi recebida com agrado. O que de fato se comentou antes do início do curso foi que desde sua volta ao trabalho Ignacio estava mais suscetível do que nunca. Embora fosse conhecido pelo temperamento visceral, jamais havia se mostrado tão prepotente e despótico com os funcionários. O presidente tomou nota do que se dizia na conversa e reconheceu que ultimamente Ignacio entrava e saía do escritório "com um humor de cão".

— Não me contou nada, mas sei que algo grave aconteceu com sua mulher... Por isso ficou ausente um mês por depressão — disse Jordi Amorós. — Como vocês sabem, eu o conheço desde que era estagiário. E com o tempo virou meu braço direito. Logicamente, se continuar se comportando desse jeito, terei de tomar uma atitude — concluiu, baixando a cabeça, sem conseguir acreditar no que acabara de dizer.

— Bom dia para todos e obrigado por assistir à primeira parte deste curso de introdução ao autoconhecimento e ao desenvolvimento pessoal — começou dizendo Pablo Príncipe. — A segunda parte será dada mês que vem, para que assim vocês tenham tempo de colocar em prática os conceitos teóricos que explicaremos hoje.

HONESTIDADE, HUMILDADE E CORAGEM

"Em primeiro lugar, gostaria de felicitá-los por serem honestos com vocês mesmos. Digo isso porque é admirável que tenham decidido investir tempo, vontade e energia em melhorar como pessoas e como profissionais. Neste sentido, o mais comum é lutar para mudar o que está do lado de fora, culpando os outros por nossos conflitos, fazendo-nos de vítimas das circunstâncias adversas e até nos queixando diante da vida por todas as situações desagradáveis que acontecem com a gente. O excepcional é reconhecer que nós somos cocriadores e corresponsáveis por nossos problemas. Quando reconhecemos isso, estamos mais próximos de encontrar as soluções que anteriormente procurávamos no lado de fora. Como veremos ao longo deste curso, o grande desafio consiste em nos olharmos no espelho. Embora às vezes nos custe reconhecer, a causa de nosso sofrimento é também o fato de nossa felicidade estar dentro e não fora da gente. Por outro lado, o fato de que tenham vindo hoje aqui de forma voluntária também deixa claro que são humildes, uma qualidade imprescindível quando se quer crescer e evoluir como ser humano. O belo da humildade é que ela abre a porta da nossa mente e do nosso coração ao aprendizado e à transformação. Sobretudo porque nos permite começar a partir do reconhecimento de que não sabemos, mas estamos dispostos a aprender. E isso é uma coisa maravilhosa. Por isso agradeço a todos. Além do mais, como devem intuir, olhar para dentro significa viajar ao desconhecido, o que costuma gerar muito medo e insegurança. E por isso também os felicito por sua valentia e coragem.

"Em segundo lugar — acrescentou —, preciso adverti-los de que a atitude que adotarem ao longo deste curso será fundamental para que o tempo que passarmos juntos seja útil e benéfico para todos. Por favor, não acreditem em nada do que eu lhes disser. Vocês devem estar de acordo que a sociedade já nos encheu a cabeça de crenças suficientes para que acumulemos umas quantas mais durante esta oficina. Na medida em que puderem, eu os incentivo a verificar as informações que compartilharemos hoje, colocando-as em prática e analisando os resultados obtidos. Como veremos, as palavras e os conceitos são muito úteis para indicar o caminho que nos conduz à experiência, mas não são a experiência em si. Por isso, o objetivo deste curso é motivá-los a se comprometer a colocar a teoria em prática, de maneira que conquistem uma compreensão mais ampla por meio de suas próprias vivências. De acordo com um ditado malgaxe, 'por mais que alguém nos explique o gosto dos frutos dos baobás, não o conheceremos até que nós mesmos os provemos'. A ponte entre o saber e o não saber é o que experimentamos e compreendemos, não o que nos dizem ou o que achamos. Por isso, me permitam que insista: não acreditem em nada do que lhes disser. Não acreditem em absolutamente nada. No entanto, eu os incentivo, sim, a experimentar de tudo. Só assim poderão verificar se a informação recebida é verdadeira e proveitosa para seu processo de crescimento pessoal.

"Em terceiro lugar — continuou Pablo Príncipe —, uma vez que tudo o que explicaremos tem a ver com os aspectos mais intangíveis de nossa condição humana, é importante que cada um se transforme em um cientista. Refiro-me ao fato de que neste caso o laboratório onde se produzem as descobertas, as revelações e as transformações estão dentro de vocês mesmos. Daí que o crescimento pessoal também seja denominado de 'ciência interior'. Ao mesmo tempo, advirto que o normal é que fiquem na defensiva cada vez que ouvirem uma informação nova e desconhecida... Lembrando que esta atitude conservadora é exatamente aquilo que cria obstáculos e impede o desenvolvimento e a evolução. Por isso, eu os convido a se converterem em verdadeiros céticos, explorando o que desconhecem. Assim, poderão viver novas experiências, experiências que lhes permitam compreender o que até agora não sabiam. E não importa sua idade nem em que momento vital estão. Para ampliar nosso conhecimento e nossa sabedoria precisamos vencer sempre um inimigo sutil, mas muito limitador: a arrogância de acreditar que sabemos tudo, pois ela costuma fechar nossa mente a novas formas de aprendizagem.

"Por último, só quero lhes recordar que no Ocidente o autoconhecimento começou com o aforismo "conheça a si mesmo", cuja origem remonta muito antes do século VI antes de Cristo, sendo mais velho do que a própria história da filosofia — observou Pablo. — Por isso, embora agora esteja entrando em moda, este trabalho interior vem sendo praticado desde os tempos em que grandes sábios como Zoroastro, Mahavira, Lao-Tsé, Sócrates e Jesus de Nazaré difundiram seus ensinamentos entre seus discípulos... Embora depois tenham sido mitificados pela religião, todos eles foram filósofos e hoje em dia são considerados os primeiros divulgadores especializados em crescimento pessoal. Alguma pergunta?"

O QUE É E PARA QUE SERVE O AUTOCONHECIMENTO?

Ao ver que ninguém dizia nada, Pablo Príncipe continuou sua apresentação:

— Bem, o que é então o autoconhecimento? E para que nos pode ser útil? Para responder a estas perguntas, vou começar contando minha história preferida, que faz parte da tradição sufista — Sorriu. — Conta-se que uma noite Nasrudín estava olhando para o chão, dando voltas ao redor de uma lamparina. E um vizinho que passava por ali lhe perguntou: "Você perdeu alguma coisa, Nasrudín?" E este lhe respondeu: "Sim, estou procurando minha chave." Em seguida o vizinho começou a procurá-la com ele. Depois de um tempo, apareceu outra vizinha, que, intrigada, lhes perguntou o que estavam fazendo. "Estamos procurando a chave de Nasrudín." E ela também se animou a ajudá-los a encontrá-la. Mais tarde, outro vizinho se uniu a eles e juntos procuraram e procuraram a chave de Nasrudín.

"Cansado e com sono, um dos vizinhos finalmente perguntou: 'Nasrudín, ficamos procurando sua chave ao longo de várias horas... Você tem certeza de que a perdeu neste lugar?' Imediatamente este negou com a cabeça. 'Então, onde você acha que a perdeu?' Sem hesitar, Nasrudín respondeu: 'Perdi-a dentro de minha casa.' Surpreso, o outro vizinho interveio na conversa: 'Mas por que a estamos procurando aqui?' Nasrudín os fitou muito seriamente e lhes disse: 'Ora, porque minha casa está muito escura e aqui há mais luz.'

Na Sala de Máquinas se fez silêncio. Os alunos ficaram pensando, até que Jordi Amorós, excitado, foi o primeiro a compartilhar o que a história havia despertado nele.

— Muito bem, Pablo... Santíssima cegueira que tenho arrastado ao longo de toda a minha aborrecida vida! Se é que entendi corretamente, o autoconhecimento consiste em procurar o que andamos perseguindo dentro de nós mesmos, que é precisamente o último lugar no qual nos ensinaram a olhar.

— Exatamente, Jordi. O autoconhecimento é a chave que abre a porta para nosso interior, onde podemos nos conectar com nosso bem-estar. E pode ser que agora, depois de muito tempo sem lhe destinar o olhar, sintamos medo de entrar. Mas à medida que nossos olhos forem se acostumando à escuridão, pouco a pouco nos tornaremos capazes de nos mover com facilidade dentro de nós mesmos. Só assim descobriremos quem somos de verdade. Para consegui-lo, devemos saber como funciona nossa mente; de que maneira podemos administrar nossos pensamentos voluntariamente; como podemos regular nossas emoções de forma construtiva; qual é a causa real de nosso mal-estar; qual é o caminho que nos permitirá experimentar um equilíbrio duradouro e, definitivamente, como podemos levar uma vida plena e com sentido no atual cenário profissional, marcado pela hipervelocidade, o estresse e o cansaço... A partir deste aprendizado, cheio de tesouros e de surpresas, estaremos preparados para nos relacionar com os demais e com a realidade de uma maneira mais inteligente, fluída e harmoniosa... Embora aparente, o êxito não é a base da felicidade, enquanto a felicidade, sim, é a base de qualquer êxito.

— Tenho fé nisso... Já não me resta a menor dúvida: a resposta está dentro, e não fora da gente — acrescentou o presidente.

— E por que nunca nos disseram isso? — interveio Manuela Marigorta. — Até onde sei, não existe nenhum manual de instruções a respeito da condição humana. Bem, não sei... Talvez exista sim, e eu que não sabia.

Alicia Oromí arqueou as sobrancelhas e encolheu os ombros, acariciando distraidamente sua barriga.

— Não apenas não nos ensinaram a olhar para dentro da gente — observou Pablo —, mas a sociedade também nos condicionou a nos concentrarmos e até a ficarmos obcecados pelo que acontece no lado de fora. Normalmente achamos que a felicidade chegará quando tivermos mais dinheiro, êxito profissional, prestígio social, um carro novo, uma namorada mais bonita... E essa é, exatamente, a função do desejo: perseguir o que não temos, acreditando que aquilo que queremos conseguir no futuro gerará a felicidade de que precisamos no momento presente. No entanto, pelo caminho costumamos perder a única coisa de que necessitamos e que já está a nossa disposição: nós mesmos, ou seja, nosso próprio bem-estar interno. Para continuar com a metáfora da história de Nasrudín, o paradoxal é que primeiro olhamos debaixo da lamparina, iluminados pela luz artificial, para terminar concluindo que não é ali que está a chave que estávamos procurando. Só por meio desta revelação decidimos mudar totalmente o foco de nossa atenção, começando a procurar dentro de nós mesmos. Por mais difícil que possa nos parecer, mais cedo ou mais tarde vamos ter que fitar o espelho. É um encontro do qual não podemos fugir eternamente.

"Sobre haver ou não um manual de instruções, o certo é que existe sim. E não apenas um, mas muitos. Daí a grande variedade de ferramentas de crescimento pessoal. E todas elas são veredas diferentes que nos levam a um mesmo ponto: o conhecimento e a compreensão de nossa condição humana, que nos permite recuperar o contato com a riqueza com que nascemos: a felicidade, o equilíbrio e o bem-estar interno. Cada uma destas ferramentas é como pistas de um mapa da nossa condição humana: podem nos ajudar a ver com mais clareza os passos que temos que dar para acender a chama do nosso interior. Uma vez acesa, não precisaremos mais continuar usando-a, podendo seguir nosso caminho de forma livre e autônoma."

O AUTOCONHECIMENTO É UM ATO EGOÍSTA?

— Mas se o autoconhecimento consiste em olhar para si mesmo a fim de ser feliz, ele não é, então, um ato egoísta? — perguntou Verónica Serra, ajeitando os cabelos com delicadeza.

— Embora em um primeiro momento possa parecer assim, o autoconhecimento não é um fim em si mesmo — respondeu Pablo. — Aprender a sermos felizes por nós mesmos é o primeiro passo, não o fim do trajeto. Assim, o autoconhecimento é um meio que permite que nos conheçamos mais a fundo para desta maneira ficarmos em ordem. Por isso, este egoísmo consciente é necessário para que consigamos ficar bem com nós mesmos, ou seja, para que em nossa vida prevaleça a paz interior, a alegria e a confiança, em detrimento da raiva, da tristeza e do medo. Além do mais, quando gozamos de um saudável e sustentável bem-estar, podemos começar a servir amorosamente aos demais...

— Servir amorosamente? — grunhiu Bernardo Martín, que percebeu imediatamente que estava se colocando em posição defensiva.

— Quando digo "servir amorosamente" estou me referindo ao fato de que, quando estamos à vontade e em paz com nós mesmos, podemos começar a ficar assim com os demais e com a vida. Ou seja, nosso equilíbrio interno nos permite ser melhores pais, filhos, irmãos, amigos, diretores, chefes, colegas de trabalho... E quando digo "melhores" quero dizer mais conscientes e objetivos. No meu caso, por exemplo, durante meus primeiros 27 anos de existência, e devido ao meu profundo mal-estar interno, tive muitos problemas e conflitos com minha família, sobretudo com meu pai e meus três irmãos mais velhos... Nestes últimos anos me dei conta de que queria que eles me compreendessem e me aceitassem em vez de compreendê-los e aceitá-los primeiro. Por não ter aprendido a me amar era incapaz de amar os demais — Pablo Príncipe fez uma pausa, olhou fixamente para o zelador e lhe sorriu. — E quando falo sobre o amor, Bernardo, não me refiro ao sentimento, mas ao comportamento. Amar é sinônimo de compreender, aceitar, respeitar, agradecer, valorizar, ouvir, atender, oferecer e, definitivamente, ser amável em cada momento e diante de cada situação. E a verdade é que sempre temos a possibilidade de ser amáveis...

— Nisso lhe dou razão, Pablo, toda a razão... — assentiu o zelador.

— E por que não o somos? — perguntou Alicia Oromí, cujo fio de voz era quase inaudível. — Por que somos tão pouco humanos? Por que somos tão cruéis e insensíveis uns com os outros?

Sua intervenção despertou o desconcerto e o interesse de seus companheiros, que não recordavam a última vez que a tinham ouvido falar em público.

A ESCRAVIDÃO DA REATIVIDADE

— Obrigado por suas perguntas — disse Pablo, e a resposta levou Alicia a sorrir. — Quando nos observamos detidamente em nosso dia a dia, nos damos conta de que todas as nossas atitudes e condutas negativas surgem do nosso interior de forma mecânica e impulsiva. Nenhum de nós escolhe se aborrecer, ter medo ou se sentir triste. Ainda não conheci ninguém que, podendo escolher, prefira sofrer a ser feliz... Além do mais, quando gritamos com alguém com raiva, por exemplo, primeiro ferimos a nós mesmos. O paradoxo reside em que, uma vez que fomos nós que criamos a raiva em nosso interior, é como se bebêssemos uma dose de cianureto. Precisamos apenas confirmar como nos sentimos depois de ter um conflito emocional com outra pessoa, embora tenhamos discutido com ela dentro de nossa cabeça... Por isso é importante recordarmos a cada dia, assim que levantamos da cama, que qualquer pensamento, emoção, atitude ou conduta negativa não traz nunca nada de positivo, benéfico ou construtivo. E não é só isso. A negatividade nos destrói, enfraquecendo nosso sistema imunológico e nos tornando mais vulneráveis a todo tipo de enfermidades. Tenham cuidado com ela: é puro veneno...

"O fato de que certas vezes nosso comportamento seja tóxico ou nocivo é porque em geral não somos donos de nossa atitude nem de nossa conduta — afirmou. — E sim o contrário. Somos escravos de nossas reações emocionais, que se desencadeiam quase sem que percebamos. E enquanto formos seres reativos, continuaremos sendo vítimas de nossas circunstâncias. De fato, por estarmos tão acostumados a ser prisioneiros deste encarceramento psicológico, costumamos concluir erroneamente que nosso estado de espírito é determinado pelo que acontece no exterior. Por sorte, é possível deixar de ser reativo para começar a ser proativo. Este é exatamente um dos objetivos do autoconhecimento e do desenvolvimento pessoal. É uma questão de compreender os porquês e treinar os como..."

— Perdoe, Pablo — interveio Verónica Serra. — Entendi bem a parte da reatividade. Como recepcionista, sou obrigada todos os dias a lidar com muitos personagens que não estão exatamente comprometidos com seu desenvolvimento pessoal... Às vezes falo por telefone com clientes que se tornam muito insistentes, são grosseiros e chegam a me dizer verdadeiras barbaridades. E logo percebo que alguns destes comentários extremamente desrespeitosos despertam o pior de mim mesma. Na maioria das vezes acabo ficando aborrecida, triste ou as duas coisas. Ouvindo você agora, me dou conta de que não estou escolhendo estas emoções, mas que o aborrecimento e a tristeza aparecem dentro de mim de forma reativa. Para completar, devo admitir que é verdade que vivo isso como um "encarceramento psicológico", pois às vezes o mal-estar dura um bom tempo até desaparecer...

— E existem aqueles que ficam de mau humor durantes dias, anos e até durante toda a vida! — brincou um membro do departamento de informática, sentado na última fila.

Verónica Serra sorriu timidamente e, após alguns segundos, concluiu sua contribuição:

— Enfim, o que não consigo entender é em que consiste exatamente a proatividade. Até agora acreditava que consistia em ter iniciativa, mas intuo que é uma coisa mais profunda...

TREINAR CONSCIENTEMENTE A PROATIVIDADE

— Obrigado por compartilhar sua experiência com a gente, Verónica. Perceber a maneira como reagimos é o primeiro passo para poder transcendê-la. Como você comentou de maneira muito apropriada, a reatividade é um mecanismo impulsivo. Não a escolhemos e, portanto, não somos responsáveis por aquilo que gera, tanto em nós mesmos quanto nos demais. E é verdade, sim, que existem pessoas que convivem com a reatividade ao longo de toda sua vida — afirmou, olhando com cumplicidade para a última fila. — Por sorte, como dizíamos, a proatividade é a outra face da moeda. É a capacidade que todos temos de deixarmos de ser reativos para começarmos a encarar as coisas que nos acontecem de um modo mais saudável e construtivo. Para seguir o exemplo mencionado por Verónica, gostaria de acrescentar que entre o estímulo externo, quando alguém é grosseiro com a gente, e a nossa reação decorrente, o aborrecimento ou a tristeza, há um espaço no qual temos liberdade de escolher a resposta que seja mais conveniente para nós mesmos e para os demais. Esse espaço é chamado de "consciência".

— Consciência — repetiu uma das mulheres da limpeza, que não parava de fazer anotações em seu caderninho. — Bela palavra, sim, senhor.

Pablo Príncipe sorriu. Era uma de suas preferidas.

— Quando vivemos de maneira consciente — continuou —, podemos escolher não ficar perturbados quando acontecem fatos que normalmente nos perturbam. É que não são os comentários dos demais que nos agridem, mas nossa reação a eles. Se parássemos de reagir, deixaríamos de criar uma perturbação em nosso interior. E este é o poder que podemos desenvolver por meio da proatividade. Seguindo com o exemplo apresentado por Verónica, diante dos comentários desrespeitosos do cliente poderíamos lembrar que, embora não estejamos de acordo com o que disse, ele tem todo o direito de ser grosseiro. E não apenas isso: também podemos compreender que, ao ser grosseiro, o cliente está, em primeiro lugar, agredindo a si mesmo. Como dissemos antes, é como se tivesse tomado uma dose de cianureto... E esta conclusão nos leva a simpatizar com esta pessoa, compreendendo que não está sendo dona do que diz nem do que faz, pois com sua atitude e sua conduta está destruindo a si mesma. Ou seja, que ao ser reativa ela não é responsável por seus atos, e por isso não devemos considerar a atitude como uma ação pessoal. Com certeza seria grosseira com qualquer outra pessoa que viesse ao telefone... Logicamente, tudo isso é muito fácil de dizer. O desafio é colocar em prática e ir aprendendo com os erros que vamos cometendo. Como tudo na vida, obter resultados satisfatórios é uma questão de compromisso e treinamento.

Pablo Príncipe fez uma pausa e continuou com sua explicação:

— Eu gostaria de compartilhar com vocês uma revelação que tive há alguns anos. Houve uma época em que um amigo estava passando por alguns problemas pessoais e me pediu que cuidasse de sua cadelinha durante alguns meses. Seu nome era Ervas. — Toda a plateia riu. — Percebi que eu não soube educá-la o suficiente para adaptá-la à nova rotina em meu apartamento. Digo isso porque um dia depois de acolhê-la entrei na sala de manhã e vi um enorme cocô no tapete. Recordo que fiquei muito, muito aborrecido. E tão irritado que comecei a gritar com a cadelinha para que não voltasse a fazer uma coisa daquelas. Vinte e cinco minutos depois, ainda enfurecido, não tive outro remédio a não ser recolher suas fezes, que continuavam se decompondo sobre o tapete, alheias as minhas queixas e lamentações. E é claro que neste dia fui trabalhar bem chateado.

"Pois bem, a cada manhã acontecia a mesma coisa: levantava, via o cocô da Ervas, me aborrecia e acabava recolhendo-o de mau humor. Como estão vendo, as fezes não eram a causa do meu aborrecimento, mas a reação impulsiva que se desencadeava dentro de mim ao vê-las sobre o tapete da sala. De fato, ao longo daquelas semanas, cada vez que pensava em como seu cocô estava sujando meu tapete, acabava sentindo a mesma irritação dentro de mim. Finalmente, ao acordar uma manhã intuí que certamente o cocô estaria ali de novo, pois não podia enfiar a cadelinha em nenhum outro lugar da casa. E assim, ao confirmá-lo com meus próprios olhos, sorri. De fato, comecei a rir, pois me dei conta de que aquela cadela estava há quase um mês fazendo suas necessidades no mesmo lugar do tapete. Era como se tivesse criado sua própria privada... Depois de recolher as fezes, Ervas me olhou com o rabo entre as pernas e a acariciei com muita afeição. Assim fui trabalhar de muito bom humor. Nesse dia compreendi que minha experiência, ou seja, o que sinto em meu interior, não tem tanto a ver com o que acontece comigo, mas com a interpretação que tenho e a atitude que tomo em cada momento diante das coisas que me vão acontecendo..."

Depois de algumas risadas iniciais, os funcionários voltaram a ficar em silêncio. Olhavam-se entre si, sem saber exatamente o que perguntar ou acrescentar.

REALIDADE E INTERPRETAÇÃO DA REALIDADE

— Caso não tenha ficado claro, deixem-me lhes dar outro exemplo — continuou Pablo Príncipe. — Imaginem uma partida de futebol entre o Barcelona e o Real Madrid. Estamos no último minuto do segundo tempo, e o resultado é zero a zero. De repente, um atacante do Real se enfia na pequena área do Barça, choca-se com um zagueiro e cai no chão. Imediatamente o árbitro apita pênalti a favor do Real. Como vocês acham que reagiram e se sentiram os torcedores do Barcelona?

— Gritaram indignados que não era pênalti, que o atacante do Real havia se jogado. Também ficaram nervosos diante do medo de perder o jogo — responderam vários funcionários, torcedores do Barcelona. E um deles o fez um pouco nervoso e indignado.

— E os torcedores do Real?

— Exatamente o contrário — respondeu um trabalhador que torcia pelo Real Madrid, sorrindo maliciosamente. — Ficaram muito felizes e cantaram, dizendo que o zagueiro do Barça tinha feito a falta e que o pênalti era claro... Claríssimo, além do mais! — acrescentou com ironia.

— Prestem atenção. O fato externo é o mesmo — observou Pablo. — Digamos que é neutro e objetivo. No entanto, a interpretação que cada torcedor faz da realidade, do que de fato aconteceu, é totalmente subjetiva e depende das crenças, dos desejos e das expectativas com as quais está identificado. E por "identificado" me refiro àquelas coisas que cremos que hão de acontecer para que sejamos felizes e nos sintamos bem... Daí que a metade dos torcedores tenha visto um pênalti e se mostrado feliz e a outra metade tenha visto que não era e se indignado. O curioso é que o atacante do Real Madrid acabou falhando ao bater o pênalti e apenas em um segundo o estado de espírito e de humor de um grupo e outro mudou por completo...

Movido por sua intuição, Pablo Príncipe resolveu focar sua dissertação usando outro ponto de vista, menos racional e um pouco mais criativo.

— Se vocês me permitem — disse —, vou esboçar um desenho que também me servirá para explicar melhor a enorme diferença que existe entre a realidade e a interpretação da realidade... — E começou a desenhar no quadro-negro. Ao terminar, virou-se sorridente e perguntou: — Vocês podem me dizer o que estão vendo?

Com expressões de incredulidade e decepção, vários alunos responderam ao mesmo tempo:

— Um chapéu.

Imediatamente, Bernardo Marín interveio, com certo tom de indignação:

— Depois de tudo o que nos contou, como pode perguntar algo tão óbvio?

Pablo Príncipe não conseguiu segurar o riso. "Os adultos, ao contrário das crianças, precisam sempre de explicações", disse a si mesmo.

— Algum de vocês leu "O Pequeno Príncipe"?

Quase todos os presentes levantaram a mão. Até o zelador o tinha lido. E Pablo, que jamais desistia de uma pergunta importante, insistiu:

— Pois então tratem de recordar: o que estão vendo?

De repente se fez de novo silêncio, até que um funcionário da limpeza exclamou entusiasmado:

— É uma jiboia! É uma jiboia! E tem a forma de um chapéu porque comeu um elefante e o está digerindo!

Bernardo Marín balançou a cabeça, reprimindo sua vontade de rir. E não foi o único. Na verdade, apenas duas pessoas, inclusive o presidente, reconheceram em voz alta que de fato aquele desenho representava uma jiboia digerindo um elefante. Os outros permaneceram estáticos, como o chapéu, sem mostrar abertamente a realidade que escondiam em seu interior.

— Perdoe-me interrompê-lo, Pablo — interveio Manuela Marigorta. — Só por curiosidade, o que tudo isso tem a ver com nosso dia a dia no trabalho?

— Se soubermos extrapolá-lo, tem muito a ver — respondeu Pablo. — Quando começamos a rever aquilo de que dependem as interpretações que temos da realidade, percebemos que a verdadeira causa do nosso mal-estar ou do nosso bem-estar não tem tanto a ver com as coisas que vão acontecendo com a gente, mas com nossa maneira de olhá-las e interpretá-las. E são precisamente as nossas interpretações que geram as reações emocionais negativas que tanto ferem nosso interior ou as respostas conscientes e proativas que podem muito bem curá-lo.

"Sem ir mais longe, recordo que uma vez estava passeando em uma cidade de Madagascar quando de repente começou a chover. E cada vez com mais força. Foi como se o céu desabasse sobre a terra. Pois bem, me refugiei sob o toldo de um mercado, onde encontrei um grupo de turistas. O curioso é que enquanto os fruteiros e os peixeiros malgaxes comemoravam e bendiziam com alegria o fato de a chuva estar caindo com força, os turistas começaram a ficar de mau humor, maldizendo seu azar por não poder dar continuidade aos seus planos previamente estabelecidos. Ora, a chuva era a mesma para todos. Podemos dizer que surgiu como um elemento neutro e objetivo em nossos afazeres cotidianos. No entanto, enquanto os empregados do mercado respondiam com suas melhores expressões, os turistas se queixavam e se sentiam vítimas das moléstias que esta poderia lhes causar na hora de continuar com sua rotina. Analisando com mais vagar, nos damos conta de que não podemos mudar nem controlar o que acontece com a gente, como, por exemplo, de repente começar a chover, mas podemos sim aprender a modificar nossa atitude diante desse tipo de fato, adotando uma proatividade saudável e construtiva em detrimento da venenosa e destrutiva reatividade."

Jordi Amorós assentiu com a cabeça, pensativo. O restante dos empregados também permaneceu em silêncio, absorvendo e processando todas as informações que recebiam das mãos de seu dedicado professor.

A TIRANIA DO EGOCENTRISMO

Pablo Príncipe voltou ao quadro-negro e escreveu uma palavra em maiúsculas: "EGOCENTRISMO".

— Este é o xis da questão. O egocentrismo é a principal causa de todo sofrimento humano, de todos os problemas e conflitos que mantemos uns com os outros, transformando-nos em prisioneiros de nossa reatividade e em vítimas de nossas circunstâncias. Devido ao egocentrismo, não é muito difícil desenvolver a proatividade e, em consequência, a responsabilidade de adotar a melhor atitude e o melhor comportamento diante de qualquer circunstância. Daí que, embora não os escolhamos voluntária e conscientemente, a insatisfação e o mal-estar protagonizem grande parte de nossos estados de espírito cotidianos. E não é para menos. Quanto mais egocêntricos somos, mais costumamos reagir impulsiva e negativamente cada vez que acontece aquilo que não queremos que aconteça... E isto é algo que ocorre com muita frequência, não é verdade?

Bernardo Marín assentiu vigorosamente.

— Pois bem, o egocentrismo, que o conflito e o mal-estar provocam em nossa vida e na dos demais, é fruto do fato de vivermos sob a tirania de nossos dois maiores inimigos. O primeiro é a ignorância. Ou seja, não sabemos quem somos, do que precisamos e de que maneira podemos nos relacionar de uma forma mais pacífica e harmoniosa com os demais. E o segundo é a inconsciência, que se caracteriza por não querer saber, olhando para o outro lado, sem nos darmos conta das consequências que têm nosso pensamento, nossa atitude e nosso comportamento sobre nós mesmos e sobre as pessoas com as quais cruzamos em nosso dia a dia.

"Se prestarmos atenção", continuou, "muitos de nós, para não dizer a grande maioria, somos egocêntricos: queremos que a realidade se adeque constantemente aos nossos desejos e expectativas, causando-nos grandes doses de mal-estar e sofrimento quando não conseguimos. E em vez de nos darmos conta de que somos os únicos responsáveis pelo que experimentamos, costumamos assumir o papel de vítimas, culpando os demais ou a vida pelo que acontece com a gente... Tanto é assim que se diz que o ser humano é o único animal que tropeça não duas, mas mil vezes na mesma pedra. E ainda por cima culpa a pedra! De fato, esta é a verdadeira imaturidade."

— Por favor, Pablo, você poderia nos dar algum exemplo cotidiano de egocentrismo? — perguntou Manuela Marigorta, que não parava de fazer anotações em seu caderno.

— Somos egocêntricos quando saímos de manhã com nosso carro e temos certeza que todos os motoristas vão nos deixar passar em todos os cruzamentos, não vão ficar no nosso caminho e não vão frear de repente diante de nós. E digo que temos certeza porque, quando não nos deixam passar, atravessam na nossa frente ou freiam bruscamente, costumamos reagir negativamente. Às vezes nos irritamos e até gritamos, dando início assim ao que pode vir a ser um péssimo dia... O curioso é que quando somos nós que não deixamos passar os demais motoristas ou atravessamos e freamos da mesma forma da qual nos queixamos, sempre temos uma desculpa ou uma razão para justificar nossas manobras. Assim, quando os demais fazem com a gente, consideramos aquilo uma ofensa pessoal, mas quando somos nós que fazemos trata-se de um acidente sem importância, que, além do mais, costuma ter justificativa...

— *Touché* — disse o presidente, sorrindo. — Suponho que o contrário de viver egocentricamente é fazê-lo com mais objetividade... O trânsito na cidade é o que é e não há maneira de mudá-lo. Portanto, a melhor opção é nos adaptarmos a cada instante à maneira de dirigir dos demais, um esforço que, este sim, está ao nosso alcance.

— Sim, mais que nada porque, assim como a gente, os demais também fazem o melhor que podem — acrescentou Verónica Serra, piscando um olho para Pablo. — Eu pelo menos não freio de propósito para irritar a pessoa que vem atrás. E se eu não faço isso, por que os outros motoristas iriam fazer?

Bernardo Marín levantou a mão e acrescentou:

— Maldito seja, Pablo! E eu que achava que só os ricos e famosos podiam se dar ao luxo de ser egocêntricos... Saiba que este curso está remexendo muitas coisas dentro de mim. Agora não sei quem sou nem aonde vou nem nada de nada — brincou, com uma expressão muito séria.

Todos riram. E Pablo Príncipe mais do que todo mundo.

O PODER DA ACEITAÇÃO

— Sei o que você está sentindo, Bernardo. O que está se remexendo dentro de você são suas velhas crenças. Mas fique tranquilo. Isso faz parte do processo de autoconhecimento. Para construir o novo é preciso primeiro se desfazer do velho. Ou dizendo de outra maneira: para aprender, às vezes temos que desaprender primeiro... Neste curso estamos vendo de que maneira podemos ser mais eficientes na hora de administrar a nós mesmos e de nos relacionarmos com o que acontece com a gente. O maior desafio de nossa vida consiste em aprender a aceitar os demais como são e a fluir com as coisas tal como surgem. E aceitar não quer dizer estar de acordo. Aceitar tampouco significa se reprimir ou se resignar. Nem sequer é sinônimo de tolerar. E está muito longe de ser uma manifestação de debilidade, negligência, desleixo ou imobilidade. Trata-se exatamente do contrário... A verdadeira aceitação nasce de uma profunda compreensão e sabedoria, e implica deixar de reagir impulsivamente para começar a dar uma resposta mais efetiva a cada pessoa e a cada situação. Sobretudo porque aquilo que não somos capazes de aceitar é a única causa de nossa reatividade, ou seja, de nossa negatividade, de nosso mal-estar e de nosso sofrimento...

— Aquilo que não somos capazes de aceitar é a única causa de nosso sofrimento — repetiu em voz alta Manuela Marigorta enquanto escrevia a frase em seu caderno.

— Você faz muito bem em anotá-la, Manuela. — E, fitando o grupo, acrescentou — Eu os incentivo a repetir este aforismo cem vezes todos os dias, de manhã, ao meio-dia, à noite... Podem repeti-lo quando saírem de casa com o carro. Quando forem buscar as crianças no colégio. E, sobretudo, quando forem à sala do chefe. Como vocês sabem, os chefes costumam ser grandes mestres em nossas vidas. Sem que se deem conta, nos permitem treinar nosso desenvolvimento pessoal.

Não houve nem um único empregado que não recordasse Ignacio Iranzo. Muitos deles o fizeram, pela primeira vez, com um pouco de empatia e carinho.

— Praticar a aceitação nos permite viver preservando nosso bem-estar e nossa paz interior — acrescentou Pablo. — Quando aceitamos o que acontece, paramos de reagir e podemos escolher de forma consciente nossa atitude e nosso comportamento em cada momento. Nisso consiste precisamente ser donos de nós mesmos. E gostaria de recordar mais uma vez que, como qualquer outro conceito relacionado com o crescimento pessoal, a conquista da aceitação nunca nasce da compreensão intelectual, mas é como um músculo que se desenvolve por meio do exercício diário... Para saber o que significa a aceitação, assim como os benefícios que ela traz, é imprescindível e inevitável treiná-la. Alguma pergunta?

Depois de uma breve pausa para o café e o cigarro, Pablo Príncipe retomou as rédeas do curso.

— Um momentinho, Pablo — interveio o zelador, que havia um bom tempo franzia o rosto. — Antes de continuar, gostaria que você me esclarecesse duas dúvidas.

— Claro, Bernardo. De que se trata?

— Estou pensando há um bom tempo em tudo o que você está explicando, mas não consigo ver as coisas com clareza... Você está insinuando que tenho de aceitar que os demais possam me faltar ao respeito ou me tratar com desprezo? Você está me dizendo que devo aceitar este tipo de conduta tão negativa? É isso o que quer dizer? Estou perguntando porque pessoalmente isso representaria um esforço enorme para mim, e nesse momento não encontro nenhuma motivação para fazê-lo...

— Muito interessante seu comentário, Bernardo — respondeu Pablo. — No entanto, o paradoxo é que não se trata de trocar nossa reatividade pelos demais, mas por nós mesmos. Sobretudo porque com o tempo esta atitude egocêntrica e vitimista nos encerra em um perigoso círculo vicioso, no qual o medo, a raiva e a tristeza crônicos costumam ser a antessala da depressão...

A FUNÇÃO DAS CRISES EXISTENCIAIS

— O fato é que — acrescentou Pablo — devido a nossa resistência à mudança só nos atrevemos a questionar nossa maneira de entender a vida quando atingimos um estado de saturação de mal-estar. Tanto é assim, Bernardo, que o sofrimento é o estilo mais comum de aprendizado entre os seres humanos. É a antessala da denominada "crise existencial", um processo psicológico que remove os alicerces sobre os quais se assentam nossas crenças e nossos valores, possibilitando a evolução de nosso nível de consciência.

— Eu sei do que você está falando, Bernardo — interveio o presidente. — Como vocês sabem, desde que passei por aquela experiência de quase morte e sobrevivi, estou imerso em uma profunda crise que está me transformando de cima a baixo...

Pablo sorriu.

— Se não fosse assim, duvido muito que tivesse me contratado. — Todos riram às gargalhadas, inclusive, é claro, o presidente. — Para aprofundar um pouco mais esta ideia — prosseguiu Pablo Príncipe — só quero lhes dizer que a função biológica do sofrimento é a de nos fazer sentir que o nosso sistema de crenças é ineficiente e que, portanto, está criando obstáculos para nossa capacidade de viver em plenitude. É por isso que a adversidade e o sofrimento nos conectam com a necessidade de mudança e evolução. Ou seja, com a honestidade, a humildade e a coragem de ir mais além das limitações com as quais fomos condicionados pela sociedade e seguir nosso próprio caminho na vida.

"Por isso se diz que as crises existenciais são a melhor oportunidade que a vida nos oferece para deixarmos de nos enganar e sair da 'zona de comodidade' na qual passamos anos instalados... E estas crises não têm nada a ver com a idade, com a cultura nem com a posição social. De fato, estão latentes em qualquer pessoa que não se sinta verdadeiramente feliz nem satisfeita com sua existência. Daí que na realidade seja uma maravilhosa ocasião para nos atrevermos a crescer, mudar, evoluir e, definitivamente, a começar a nos responsabilizar por nossa própria vida, por nossas decisões e pelos resultados derivados delas... Isto tem sido chamado de 'maturidade', a qual não tem nada a ver com a idade física, mas com a idade psicológica; a verdadeira experiência nasce do aprendizado e da transformação, e não dos anos vividos."

— Vamos ver se entendi bem, Pablo — interveio de novo o zelador, coçando a papada. — Você está me dizendo que, cada vez que tenho medo, me aborreço ou fico triste, quem está criando estas emoções negativas dentro de mim mesmo sou eu? É isso o que você está querendo me dizer?

— Sim, Bernardo. Embora a princípio lhe custe aceitar, você é o único responsável pelo que experimenta. Diante de qualquer circunstância e seja pelo problema que for, se é você quem sofre, você é o único que o está criando e, portanto, o único que pode solucioná-lo... Porque não se trata de mudar o exterior, que escapa do nosso controle, mas de transformar o interior, que, sim, está ao nosso alcance. Pouco a pouco e dia após dia, por meio do conhecimento, da compreensão e da aceitação de nós mesmos, crescemos e evoluímos, mudando nossa maneira de ver e de interpretar o que acontece.

Em seguida, Manuela Marigorta se atreveu a verbalizar uma inquietação que havia um bom tempo rondava sua cabeça:

— Por que existem pessoas que não aprendem com o sofrimento?

E sua pergunta fez com que quase todos os presentes se recordassem, quase em uníssono, do consultor-chefe Ignacio Iranzo.

O QUE MUDA QUANDO UMA PESSOA MUDA?

— Sem dúvida alguma, o maior obstáculo que nos impede de aprender, crescer e evoluir é ficarmos ancorados no papel de vítima. E, apesar de ser uma atitude totalmente ineficiente, há quem afirme que o vitimismo é a filosofia dominante em nossa sociedade. O certo é que para algumas pessoas é muito doloroso reconhecer que são elas mesmas as responsáveis pelo que experimentam em seu interior, assim como pela forma que usam para administrar a própria vida. De fato, muitos psicólogos constatam que a maioria dos seres humanos vive afastada de si mesmos, de seu mundo interior. Por isso é tão comum o medo de olhar para dentro, assim como a procura permanente de evasão, narcotização e entretenimento que permita preencher desesperadamente o vazio existencial. Mas, como vimos, trata-se de uma atitude inconsciente, ineficiente e insustentável, pois nenhum de nós pode fugir eternamente de si mesmo. O curioso é que, apesar de não levar uma existência plena, para muitas pessoas o medo da mudança ainda é mais forte do que a necessidade de se conectar com a confiança e a coragem que lhes permitiriam sair de sua zona de conforto.

Bernardo Marín voltou a coçar a papada e afirmou:

— Embora você não saiba o quanto me aborrece reconhecer, intuo que há certa coerência no que está dizendo. Para ser sincero, há uma parte de mim que tem medo e até se aborrece com o fato de que tudo isto que você está dizendo seja verdade...

— Agradeço sua sinceridade, Bernardo. E não se preocupe com o que sente neste momento. Isso também faz parte do processo de mudança e crescimento pessoal. Neste ponto, gostaria de acrescentar que, quanto mais nos desenvolvemos por dentro, mais sábia e objetiva se torna nossa maneira de nos relacionar com nossas circunstâncias externas, deixando de reagir negativamente frente ao que nos acontece. É desta maneira que nosso grau de mal-estar vai se desvanecendo, ao mesmo tempo que vai emergindo um bem-estar que já existe dentro de nós, mas cujo contato fomos perdendo por termos acumulado tantas experiências de dor e sofrimento.

— Perdão, Pablo — interveio Alicia Oromí —, mas o que muda exatamente quando uma pessoa muda?

— O que muda é seu paradigma.

Por mais que o presidente já tivesse ouvido este conceito anteriormente, continuava sem compreendê-lo. E, antes que pudesse voltar a lhe perguntar em que consistia exatamente, Bernardo Marín se adiantou a ele de forma reativa:

— Seu o quê?

— Seu paradigma, ou seja, a maneira como se vê, se compreende e se atua no mundo. Assim, a mudança de paradigma costuma ser vivida como uma profunda revelação, como se produzisse um clique em nossa cabeça. Há quem o denomine de "despertar da consciência", pois nos permite viver a partir de uma nova compreensão, recuperando o contato com nossa essência humana, com as coisas que importam de verdade. A mudança de paradigma age como uma ponte entre o vitimismo e a suposição da responsabilidade. E o certo é que, quando nos responsabilizarmos pelo que experimentamos, recuperamos o entusiasmo de criar nossa vida instante a instante, algo que as crianças fazem constantemente. Elas são os grandes mestres da arte de viver. Embora possa parecer mentira, nós, adultos, podemos aprender a fazer o mesmo de forma consciente. Uma vez que transcendamos as limitações às quais nossa mente foi condicionada, nos daremos conta de que temos a capacidade de soltar toda nossa imaginação para ver as coisas a partir de outro ponto de vista. É nesse momento que podemos desfrutar a vida com o coração. De fato, esta é a essência de qualquer brincadeira. A grande diferença entre as crianças e os adultos é que elas se permitem brincar e nós não.

VI

A patologia do êxito

Quinta-feira, 24 de junho de 1999

Quase quatro anos antes de ministrar o curso de autoconhecimento, Pablo Príncipe ridicularizava tudo o que tivesse relação com o crescimento pessoal. De fato, cada vez que via alguém lendo algum livro sobre o assunto, o demonizava intimamente. Sobretudo porque acreditava que este tipo de leitura não passava de mais uma forma de fugir e de se evadir da realidade. Mas estes pensamentos apenas tornavam evidente seu profundo mal-estar interno. Aos 26 anos, ainda não havia aprendido a ser feliz por si mesmo nem a sentir paz em seu interior. Por isso continuava lutando contra os demais.

Atormentado e de mau humor, foi o último a chegar à reunião familiar organizada na casa dos Príncipe. Naquela noite, comemoravam o aniversário de sua mãe, Victoria, já falecida. O pai, Pepe Príncipe, tentava havia nove anos fazer com que seus filhos não a esquecessem. No entanto, entre um prato e outro, costumava beber, sozinho, três cervejas, um uísque com gelo e meia garrafa de vinho tinto. E como se fizesse parte da tradição, no dia seguinte acordava triste, cansado, de ressaca e desmemoriado.

Naquela época, Pablo Príncipe ainda estava em guerra com sua família. Havia cerca de quatro anos o sobrenome era a única coisa que compartilhava com seus três irmãos: Gregorio, Santiago e Sebastián, de 33, 31 e 29 anos, respectivamente. O primeiro trabalhava como contador. O segundo se dedicava aos negócios imobiliários. O terceiro era advogado comercial. Os três estavam casados e pagavam religiosamente a hipoteca de suas casas. Pablo, por sua vez, não suportava o mundo das finanças, não acreditava no casamento e tinha o hábito de condenar a contratação de hipotecas por considerá-las "uma sutil e perversa forma de escravizar as pessoas". Emocionalmente, estava tão distante dos irmãos que entrava em conflito com eles até quando conversavam sobre o tempo.

Assim que pôs os pés na sala, Pablo foi aplaudido pelos três irmãos e pelo pai, que estava terminando a terceira cerveja.

— Esse é o meu garoto! — exclamou Pepe Príncipe. — Brindo a sua impontualidade e seu terno de garçom!

Os quatro explodiram em gargalhadas enquanto Pablo soltava um longo suspiro, balançando a cabeça.

— Se for possível — resmungou —, tentem esta noite não ser muito vocês mesmos. Estou extremamente cansado e não me sinto com forças para aguentar a estupidez...

Em seguida, seus três irmãos mais velhos começaram a cantar em uníssono:

— Esse, esse, esse, Pablito se aborrece. Irra, irra, irra, Pablito se irrita!

"Eu me pergunto o que fiz para merecer isto", lamentou-se consigo mesmo.

Sentados à mesa, guardaram um minuto de silêncio em memória de Victoria e depois disso começaram a devorar como animais uma lasanha à bolonhesa.

— Ora, Pablito, parabenize seu irmão Gregorio — ordenou-lhe seu pai. — Virou um importante homem de negócios. Foi nomeado ontem diretor financeiro. E isso significa um aumento considerável de salário. O que você acha? Hein? E vai ter sua própria secretária... Eu brindo a isso.

Gregorio levantou seu copo e assentiu muito sério, olhando os irmãos por cima do ombro.

— Obrigado, papai. Embora tenha demorado dois anos além do que era previsto, hoje tenho tudo o que qualquer homem poderia desejar: dinheiro, êxito e uma mulher que me espera em casa todas as noites para jantar. Só espero poder pagar o que me resta da hipoteca antes dos quarenta...

— Não se exija tanto, meu filho. Você está colocando um desafio muito difícil para seus irmãos.

Pepe Príncipe ficou olhando em silêncio seu filho caçula, que começou a temer a pergunta de sempre, feita logo em seguida:

— E você, Pablito, quando acha que vai chegar a ser diretor de alguma coisa? Não sabe a vontade que tenho de que você me dê alguma alegria.

— Não acho que isso vá acontecer um dia, papai — afirmou, olhando-o fixamente nos olhos. — Para isso você teria que valorizar uma coisa que não se mede em dinheiro.

— Não comece, Pablito — interveio Santiago. — Todos sabemos que você tem uma escala de valores diferente da nossa. Estamos cansados de ouvi-lo falar da procura de sentido e de felicidade... Por favor, por que você não finge que está à vontade com a gente e assim poderíamos ter uma festa em paz? Se teve um mau dia, aguente. Bem-vindo ao mundo real.

— Que dia porra nenhuma! — respondeu Pablo, com raiva no coração. — Se a única coisa que faço desde que levanto é trabalhar em uma coisa em que não acredito! E ao chegar em casa estou tão cansado mentalmente que só me apetece abstrair da minha vida insuportável olhando o lixo que exibem na televisão.

— Não sei do que você se queixa, Pablito! — gritou seu pai. — A vida é assim. Eu trabalho há quase quarenta anos na mesma empresa. E ainda me restam não sei mais quantos anos.

— Mas você acreditou algum dia, Pablito, que estamos aqui só pra fazer aquilo de que gostamos? — acrescentou Sebastián. — Vamos ver se você compreende de uma vez por todas: vivemos no sistema capitalista, não no planeta do Pequeno Príncipe. Contente-se em ganhar dinheiro e se divertir nos fins de semana. Como pode continuar tão ingênuo e tão idealista?

— Se sua mãe pudesse ver — sussurrou Pepe Príncipe, negando com a cabeça —, que desgosto você lhe daria!

— Não meta a mamãe nisso.

— Por que você teve que sair assim tão complicado? — insistiu seu pai. — Repare em todos seus amigos da universidade. Têm a mesma idade que você e fizeram carreira em suas empresas. Ao que me consta, ganham bem a vida, estão casados e alguns têm apartamento próprio. Custa tanto a você viver como uma pessoa normal?

— Sei que você vai ter dificuldade em compreender, papai, mas levar uma vida normal é o problema, não a solução — afirmou Pablo, levantando o braço.

— Nossa! O filósofo estava demorando a aparecer! — brincou Pepe Príncipe, levando seus outros três filhos a rir. — Sorte que não permiti que você estudasse filosofia nem psicologia... Você vai me dizer agora de que lhe serviu ler e queimar tanto a cuca... Como você saiu estranho!

O coração de Pablo bombeava raiva a duzentos por hora. Levantou-se bruscamente da cadeira e, com lágrimas nos olhos, fez uma confissão:

— Eu não pensava em abordar o assunto hoje por respeito à mamãe... Mas agora tanto faz para mim. Estou de saco cheio de vocês. De sua mediocridade! Saibam que vou pedir demissão do trabalho. Resolvi parar de viver como um escravo.

De repente se fez silêncio. E, mais do que incômodo, foi realmente desagradável. Pablo se afastou da mesa da sala de jantar e se dirigiu à porta. Seus três irmãos ficaram de boca aberta, deixando aparecer restos de lasanha à bolonhesa. Seu pai foi o primeiro a reagir:

— O quê? Você ficou louco? Nem pense nisso! Por acaso não sabe como a vida é dura? Então não tem a menor ideia de como é difícil encontrar um bom trabalho hoje em dia? Além do mais, que vergonha! Não permitirei que nenhum filho meu faça parte da lista dos beneficiários do seguro-desemprego.

Exatamente no momento em que saía de casa, Pablo lhe respondeu, desafiador:

— Pois você já pode ir se acostumando com a ideia. A partir de agora ninguém vai me dizer como devo viver minha vida.

Ao sair do edifício, Pablo Príncipe olhou para o céu e observou as estrelas. "Eu me pergunto se as estrelas estão acesas a fim de que cada um possa encontrar a sua algum dia", pensou, sorrindo. Era o sorriso de um homem que acabara de dar seu primeiro passo em direção à liberdade.

VII

*O aprendizado
é o caminho e a meta*

Sábado, 8 de fevereiro de 2003

— Sejam bem-vindos à segunda parte deste curso de introdução ao autoconhecimento e ao desenvolvimento pessoal — começou dizendo Pablo Príncipe, colocando ao lado do quadro-negro uma mochila entupida de coisas. — Muito obrigado por sua disposição de aprender e evoluir como seres humanos. É ótimo poder estar de novo com todos vocês. Como sempre, lhes peço que, por favor, não acreditem em nada do que se diga aqui. Na medida do possível, verifiquem toda a informação que receberem por meio de sua própria experiência. Como vocês sabem, o crescimento pessoal não tem tanto a ver com o que entendemos intelectualmente, mas com o que nos atrevemos a experimentar com o coração.

Todos os presentes sorriram, sem dizer nada. Mais uma vez, todos ficaram felizes com a ausência de Ignacio Iranzo, que não conseguia acreditar que o grupo estivesse disposto a repetir "semelhante estupidez" pela segunda vez. E acreditava menos ainda por se tratar de uma decisão livre e voluntária comparecer à aula em pleno sábado. O certo é que, se tivesse escutado as palavras de Pablo, certamente as teria ridicularizado ou teria se colocado na defensiva.

Embora a atitude negativa de Ignacio começasse a contrastar com a do restante dos profissionais que faziam parte da consultoria, Jordi Amorós não sabia como enfrentar a situação. Naquele momento estava concentrado em melhorar as condições de trabalho dos funcionários. Desta maneira podia adiar o inevitável plano de aperfeiçoamento pessoal desenhado por Pablo Príncipe especialmente para Ignacio Iranzo. Um plano que Pablo havia dias queria lhe contar, mas cuja explicação sempre fora capaz de driblar. Embora não gostasse de pensar muito no assunto, intuía que mais cedo ou mais tarde teria de fazer algo a respeito. Não era mais por prudência nem por respeito. O presidente temia enfrentar Ignacio Iranzo. De fato, passariam alguns meses até que decidisse tomar as rédeas da questão. O pior ainda estava por vir...

— Suponho que ao longo deste último mês vocês tiveram a oportunidade de examinar com mais atenção suas reações emocionais, assim como sua capacidade de responder ao que lhes acontece de um modo mais consciente e construtivo — disse Pablo inicialmente. — Antes de continuar, alguém quer comentar ou perguntar algo a respeito?

Verónica Serra ajeitou os cabelos, levantou a mão com delicadeza e, dirigindo-se ao grupo, disse:

— Tenho de reconhecer que nestas últimas semanas me observei com muito mais atenção e confirmo a todos que efetivamente... sou reativa. Cada vez que algum cliente não me trata como eu gosto de ser tratada reajo negativamente. E a mesma coisa em minha vida pessoal, com meus pais e amigos íntimos... Olhe que eu acreditava ter interiorizado o que você nos explicou no mês passado, mas não pude evitar me aborrecer ou ficar triste. E isso mesmo depois de vez ou outra ter me dado conta de que não era o que os outros me diziam o que me perturbava, mas como eu interpretava aquilo. Ultimamente descobri que ninguém pode me ferir tanto quanto meus próprios pensamentos. Mas nada. Não há maneira, Pablo. Continuo sendo escrava das minhas reações emocionais...

Pablo Príncipe se aproximou de Verónica Serra, colocou a mão em seu ombro e lhe dirigiu um sorriso. E, olhando seus olhos com ternura, disse-lhe:

— Eu a felicito, Verónica.
— A mim? Por quê?
— Por ser tão humilde.
— Mas de que me serve a humildade se ainda reajo mal?
— É precisamente isso que lhe vai permitir transcender suas reações. De fato, não tem importância que você continue nesse momento reagindo diante da vida. Não é bom nem ruim. Simplesmente faz parte do processo gradual de mudança e crescimento pessoal. Pense que viemos arrastando muitos anos de inconsciência, reatividade e inércia... E que a consciência é como um músculo. Para obter os resultados que desejamos de forma voluntária, precisamos fazer uso de uma informação veraz e treinar todos os dias. É como qualquer outro aprendizado. Ninguém nasce sabendo. Precisamos praticar, cometer erros e continuar praticando. E de forma natural, cada um no próprio ritmo, iremos melhorando nossa competência na arte de viver conscientemente. Com o tempo, este músculo estará tão desenvolvido que não teremos mais tanta dificuldade de responder às circunstâncias adversas da vida de forma reativa. É assim que irão desaparecendo do nosso dia a dia a reatividade e todas suas consequências nocivas. Além do mais, devemos levar em conta que este aprendizado não é linear. É mais circular. Às vezes temos que dar um passo para trás para poder dar dois para frente...

A SUPOSIÇÃO DA RESPONSABILIDADE PESSOAL

— O mais importante do que nos relatou — acrescentou Pablo Príncipe — é que você está assumindo a responsabilidade pela irritação e pela tristeza que experimenta em seu interior, em vez de se fazer de vítima ou culpar os demais por isso. E essa tomada de consciência é realmente maravilhosa. Quantas são as pessoas que sofrem, que, no seu entender, se responsabilizam pelo seu sofrimento? A verdade é que não muitas. É necessário ser muito honesto, muito humilde e ter muita coragem para parar de se enganar e enfrentar a ignorância e a inconsciência... Parabéns! A assunção da responsabilidade pessoal é o primeiro passo a ser dado quando se quer conquistar a autêntica liberdade, que não tem nada a ver com nossas circunstâncias externas. A liberdade de que lhes falo é uma experiência interna. Nós a alcançamos quando transcendemos as limitações de nossa mente. E a primeira de todas elas é acreditar que nosso bem-estar depende de algo externo, o que, como nos explicou Verónica, é mentira. Nossa felicidade só depende de nós mesmos, da interpretação e da atitude que tomamos diante do nosso destino. É uma conquista diária. E tem muito a ver com viver conscientemente. Ou seja, como valorizar aquilo que temos, aprender com o que nos acontece e desfrutar cada instante.

Verónica Serra sorriu e assentiu com a cabeça, fazendo um gesto de agradecimento.

— Obrigado a você, Verónica — respondeu Pablo Príncipe. — Continuemos com a aula.

— Um momentinho, Pablo — interveio o zelador. — Não pretendo ridicularizar nem me opor ao que você está dizendo. Estou perguntando com... você já sabe, com toda a humildade. Quando você fala de destino, a que se refere?

Pablo Príncipe sorriu. Sem dúvida alguma, o zelador sabia ir ao ponto...

— Por destino me refiro a todas aquelas situações que vão acontecer com a gente ao longo de nossa vida. Elas têm muito a ver com nossa maneira de pensar, de ser e de agir no presente. Embora não saibamos o que vai nos acontecer, podemos sim assumir o compromisso de aprender com aquilo que acontece com gente. Quando assumimos esta responsabilidade, acabamos adquirindo a consciência de que a vida é uma escola e de que os seres humanos são estudantes que vieram para aprender basicamente três coisas: a ser felizes por eles mesmos, deixando de sofrer pelo que não podem mudar; a se sentir em paz, deixando de reagir ao que lhes acontece; e a servir aos demais, indo mais além do egocentrismo para dar o melhor de si mesmos em cada situação e diante de cada pessoa.

"E não só isso", acrescentou. "Por conta deste maravilhoso processo de aprendizado concluímos que nossa existência não é governada pela sorte, pelo azar ou pelas coincidências, mas pela sincronia. Tudo o que acontece tem um propósito, uma razão de ser. Mas, assim como tudo o que é verdadeiramente importante, não podemos vê-los com os olhos nem entendê-los com a mente. Esta rede de conexões profunda e invisível pode ser apenas intuída e compreendida com o coração. O certo é que quando você deixa de lutar contra a vida e faz as pazes com ela, passa a compreender que as casualidades não existem, e sim as causalidades. Ou seja, que todos os acontecimentos que compõem nossa existência estão regidos pela "lei de causa e efeito", pela qual acabamos colhendo o que semeamos, eliminando toda possibilidade de cair nas garras do inútil e perigoso vitimismo. E isto não é uma coisa nova. Trata-se de uma mensagem universal que vem sendo repetida há milhares de anos. Mas, por favor, não creia em nada, Bernardo. Verifique por você mesmo. Meu convite é para que você abra sua mente e se permita brincar e explorar como uma criança. Essa é a atitude de qualquer pessoa que procura a verdade."

O zelador ficou pensativo. E embora não conseguisse ver tudo com clareza, optou por permanecer em silêncio e deixar que Pablo retomasse a aula.

— Se não há mais perguntas — disse —, vamos continuar. O que nos interessa agora é detectar quais são as emoções que mais se manifestam de forma reativa dentro da gente para poder descobrir os pensamentos que as provocam. E nunca é demais recordar que as emoções não são boas nem ruins; em vez de lutar contra elas, podemos vê-las como na realidade são: informações extremamente úteis quando se trata de conhecer com mais profundidade nosso sistema de crenças. Pois bem. Vamos nos aprofundar um pouco mais nos três grandes conflitos que são produzidos toda vez que interpretamos o que acontece conosco de forma egocêntrica. Enquanto vocês ouvem cada um deles, tentem ver com qual se sentem mais familiarizados.

MEDO, RAIVA E TRISTEZA

— Para alguns de vocês — prosseguiu —, a primeira reação impulsiva costuma ser mental. Entre outras preocupações, têm medo de passar por um mau momento, de sofrer. Ficam assustados com o fato de não serem capazes de superar os desafios e as adversidades, assim como o de serem constrangidos ou traídos pelos outros. E ficam inquietos diante da possibilidade de não conseguirem controlar nem predizer o que vai lhes acontecer. Procuram apoio e orientação para se sentir seguros e confiantes e poder assim conviver melhor com a incerteza. E muitas vezes são vítimas do temor, da ansiedade, da confusão, da covardia, da desconfiança, da indecisão e da insegurança.

O rosto de Manuela Marigorta ficou vermelho como um tomate. Suas orelhas ardiam. E, para disfarçar, começou a olhar para o teto da Sala de Máquinas.

— Para outros — continuou Pablo Príncipe —, a primeira reação impulsiva é, ao contrário, visceral. Entre outras perturbações, sentem-se agredidos pelos demais e pelas coisas que acontecem com eles. Ficam incomodados com o que os outros dizem. E se enfurecem com o que os outros fazem. Querem ser independentes, livres para fazer seu caminho a sua maneira. Não gostam que ninguém lhes diga o que têm de fazer. São muito suscetíveis, vivem na defensiva e às vezes se reprimem para não entrar em conflito. No entanto, costumam ser invadidos pela ira, pela raiva, pela agressividade, pela irritação, pela repressão, pelo aborrecimento e pelo mau humor...

Ninguém disse nada. Mas todos, inclusive o presidente, se lembraram de Ignacio Iranzo.

— No entanto, para outros, a primeira reação impulsiva costuma ser emocional — acrescentou Pablo. — Entre outras estratégias, desenvolvem uma imagem falsa para agradar aos demais. Seu maior objetivo é serem aceitos e amados pelas pessoas com as quais se relacionam. Por isso dói quando não os levam em conta, pois precisam que os demais valorizem sua companhia. E se entristecem quando não os elogiam nem reconhecem suas realizações. Não gostam de passar despercebidos. E, por não consegui-lo, caem nas garras da tristeza, do desespero, da dependência emocional, da melancolia, da desilusão e do sentimento de fracasso, o que torna patente a precariedade de sua autoestima.

Pablo ficou calado durante alguns segundos, que foram bem incômodos para Jordi Amorós e Verónica Serra, que se sentiram muito aludidos.

— Ao longo deste curso veremos o que há por trás de cada um destes conflitos internos — salientou Pablo. — No momento, quero, simplesmente, insistir no fato de que estas reações impulsivas que geram em nós tanto medo, raiva e tristeza surgem como consequência de interpretarmos o que acontece de forma egocêntrica.

O QUE É, COMO FUNCIONA E PARA QUE SERVE O EGO?

— Embora revelem muito acerca de nós mesmos — acrescentou —, estas reações fazem parte do nosso mecanismo de sobrevivência emocional, coloquialmente chamado de "personalidade" ou "ego". É como se fosse uma nuvem negra que não nos permite enxergar com clareza e que nos separa da verdade do que somos: nossa essência mais profunda, cujo contato nos proporciona o equilíbrio e a felicidade que andamos procurando no lado de fora.

"Para dizer de outra maneira e para estabelecer uma relação com tudo o que foi explicado até agora, o ego é nossa parte inconsciente, mecânica e reativa. E, quando estamos sob sua influência, é como se usássemos óculos que limitam e condicionam tudo o que vemos, distorcendo nossa maneira de interpretar a realidade. Por isso, se não sabemos como funciona este mecanismo de sobrevivência emocional, costumamos viver tiranizados por nosso egocentrismo.

— Perdão, Pablo — interveio Manuela Marigorta —, você poderia nos explicar como se forma o ego e, sobretudo, para que serve?

— Com muito prazer, Manuela — respondeu Pablo. — Como todos vocês sabem, os animais têm um instinto físico de sobrevivência. Diante de um sinal de ameaça ou de perigo, colocam-se na defensiva, prontos para atacar, ou fogem para preservar a vida. Pois bem. Os seres humanos também têm este instinto de sobrevivência, mas, devido a nossa complexidade, também contamos com um mecanismo de sobrevivência emocional: o ego. E isto se deve, sobretudo, a um potencial maravilhoso que todos podemos desenvolver: a capacidade de ter consciência de nós mesmos. Por exemplo, à diferença do restante dos animais, que bebem água por puro instinto, os seres humanos têm a possibilidade de escolher como fazê-lo: podemos beber como animais, mas também podemos tomar golinhos, colocá-la em um copo, jogá-la na cabeça, molhar outra pessoa... Ou seja, por sermos conscientes, temos a capacidade de escolher. E não apenas como beber água, mas como comer, como pensar, como interpretar o que acontece, o que fazer da nossa vida... Como vimos outro dia, somos cocriadores e corresponsáveis pelo que somos e pelo que fazemos com nossa existência. Nisso consiste a verdadeira criatividade: podemos transformar nossa existência em uma obra de arte.

— A criatividade consiste em fazer de nossa vida uma obra de arte — sussurrou para si mesma uma consultora que, de tanto em tanto, anotava frases como esta em seu caderno.

— No entanto — continuou Pablo Príncipe —, enquanto a maioria dos animais passa a se valer por si mesma poucos dias depois do nascimento, sobrevivendo graças ao seu instinto, os seres humanos precisam de muitos anos para começar a se valer por eles mesmos. E enquanto não nos tornamos autossuficientes física ou emocionalmente, precisamos nos proteger atrás do mecanismo de sobrevivência emocional. De fato, só conseguimos transcender o ego quando nosso cérebro está plenamente desenvolvido, pois é isso que nos permite exercitar a capacidade de ter consciência. E, em consequência, de ser plenamente responsáveis por nossas atitudes e nossas condutas, alcançando, assim, a liberdade da qual falávamos antes.

"Por isso, assim que nascemos passamos todos por um mesmo processo psicológico. — Pablo Príncipe esticou seu braço direito, fechou o punho e acrescentou — Assim como as outras criações da natureza, todos nós nascemos como uma semente que, por sua vez, contém um potencial que poderá ser desenvolvido ao longo de nossa vida. — E, apontando seu punho, completou — Esta semente é o que somos em essência. Nela está contida tudo o que poderemos vir a ser. Mas, quando se vive na inconsciência mais profunda, pouco a pouco vamos nos envolvendo sob o ego, um mecanismo que surge da própria essência e que tem a função de nos permitir sobreviver emocionalmente ao abismo que naquela altura nossa existência pressupõe. Por mais carinho e proteção que nossos pais possam ter nos dado, durante os primeiros anos de nossa vida começamos a desenvolver uma série de traumas relacionados com a tragédia que pressupõe sair do confortável e seguro útero materno. Estou me referindo aos sentimentos de rejeição e abandono, ao medo, à vergonha, à ira, à tristeza, à impotência, à culpa... Todas essas feridas emocionais nos causam tanta dor que nos encerramos ainda mais sob a couraça de nosso ego, nos desconectando por completo de nossa essência. Há quem diga que os três primeiros anos de existência nos marca tão profundamente que precisamos de toda uma vida para nos arrumar e nos colocar em ordem. Por sorte, graças ao autoconhecimento e ao desenvolvimento pessoal, este inevitável processo de integração se torna mais curto, mais rápido e também mais apaixonante e gratificante.

Enfim, a verdade é que pouco a pouco vamos nos identificando com o ego, que, por sua vez, vai desenvolvendo uma série de padrões de conduta impulsivos e reativos, cuja função é nos proteger do mundo que nos cerca. E também de chamar a atenção e obter assim mais cuidados e amor por parte de nossos pais. Como vimos, quando vivemos de forma inconsciente não somos capazes de nos dar o que precisamos para sobreviver emocionalmente. Daí o fato de criarmos todo tipo de dependências, delegando nosso bem-estar e nossa felicidade a fatores externos, começando, como não poderia deixar de ser, pela relação que mantemos com nossos progenitores.

"Com o tempo", continuou Pablo, "o bebê se converte em criança e é então que podemos ver a face do ego com mais clareza. Assim, por exemplo, vemos um menino se atirar na piscina como se fosse um petardo e ao sair da água olhar para a mãe e gritar: 'Mamãe, mamãe, você viu o que eu fiz?' Mas a mãe, que está conversando com uma amiga, nem liga para ele. E sua atitude leva a criança a se frustrar. Ou, dizendo melhor, a fazer com que o ego da criança reaja negativamente, criando a emoção de frustração em seu interior. Em vez de desfrutar e ser feliz por si mesmo, concentrando-se no que está ao seu alcance (atirar-se na piscina), o menino delegou sua felicidade a algo que não depende dele, mas sim de que sua mãe o observe e lhe diga como mergulhou maravilhosamente na piscina. E isto é, em grandes traços, a consequência de termos nos protegido durante tantos anos sob o ego.

"Por mais que o passar do tempo nos transforme em adultos, quando continuamos operando de acordo com os padrões inconscientes de nosso ego, continuamos delegando nossa autoestima, nossa confiança e nossa paz interior a aspectos externos, cujo controle não depende de nós mesmos, esquecendo que a felicidade e o bem-estar já estão em nosso interior. E não apenas isso. Este ego, que costumamos conhecer como nossa personalidade, contém as crenças e os valores com os quais fomos condicionados pela sociedade. E uma vez que não conheçamos nossa verdadeira identidade essencial, acreditamos erroneamente que somos nossa personalidade. Como vocês sabem, etimologicamente a palavra 'persona' significa 'máscara'. E, embora viver sob uma máscara nos proteja e também permita que nos sintamos mais confortáveis e seguros, também gera uma sensação de vazio e de insatisfação crônica, nos impedindo de ser felizes e de amar os demais. O certo é que, devido ao processo de condicionamento pelo qual todos passamos, vir a ser nós mesmos é quase um ato heroico."

— Exatamente — interveio o presidente. — A sociedade se transformou em um teatro onde todos usam máscaras. Não conhecemos a nós mesmos nem conhecemos os demais. Mas que droga! Tive de estar prestes a morrer para reconhecer que durante toda minha vida usei uma máscara! Como é possível que a maioria termine tão afastada de si mesma, de sua essência?

A DIFERENÇA ENTRE INOCÊNCIA, IGNORÂNCIA E SABEDORIA

— Faz parte do processo psicológico. Por isso é tão necessário cada um empreender a procura da sua verdade — respondeu Pablo, com suavidade. — De fato, os especialistas no campo da psicologia da personalidade afirmam que a criação da nossa identidade passa por três fases. A primeira é conhecida como estado de *inocência*, que acontece desde que nascemos até os sete, oito, nove ou dez anos. Tudo depende do grau de vivacidade de cada criança. Quando nascem, os bebês são como uma folha em branco: limpos, puros e sem limitações e preconceitos de nenhum tipo. Ao ver o mundo pela primeira vez, espantam-se com todas as coisas que acontecem a sua volta. Esse é o tesouro da inocência. Basta ver a cara que os adultos fazem quando observam uma criança brincar por perto. Costumam sorrir, dissipando por alguns momentos a nuvem cinzenta que normalmente distorce sua maneira de ver e de interpretar a realidade. Sobretudo porque é justamente desse espanto que sentimos falta. As crianças nos recordam nossa capacidade de ser felizes em qualquer momento. Elas nos ensinam que o segredo está em nossa atitude, aquela que escolhemos a cada instante. Elas não pensam nem têm metas a atingir. Simplesmente brincam! De fato, nosso processo de crescimento, mudança e evolução passa por aprender a olhar e a aceitar a realidade tal como ela é, maravilhando-nos conscientemente diante de tudo que nos oferecem e recuperando assim o contato com a criança que fomos. Isso é o que vêm repetindo todos os místicos da humanidade.

O olhar de todos os presentes se iluminou, conectando-os por alguns momentos com a criança que foram.

— Pois bem — continuou Pablo Príncipe —, durante nossa infância acreditamos em tudo. Não importa quem nos diga e dá no mesmo o que nos digam. Acreditamos porque somos crianças inocentes: não temos nenhuma referência para poder comparar ou questionar a informação que nos chega do exterior. Somos esponjas que absorvem tudo, sem nos perguntar se aquilo que absorvemos é, realmente, o que nos convém absorver. De fato, há quem afirme que o maior crime contra a humanidade é contaminar a mente de uma criança inocente com falsas crenças que limitem e criem obstáculos para sua própria descoberta da vida. O fato é que uma coisa é condicionamento, outra muito diferente é educação. Enquanto o condicionamento nos escraviza, a verdadeira educação tem como finalidade nos libertar. Etimologicamente, um dos significados da palavra latina "*educare*" é "conduzir da escuridão à luz", ou seja, "extrair algo que está em nosso interior, desenvolvendo assim nosso potencial humano". Por isso, a função dos pais não consiste em projetar sua maneira de ver o mundo em seus filhos, mas em ajudá-los a descobrir por si mesmos sua própria forma de olhá-lo, compreendê-lo e desfrutá-lo. Se pensarem detidamente, que sentido tem fazer com que nossos filhos *tenham* de estudar direito ou economia quando gostam de arte ou de projetos sociais? Que sentido tem fazer com que nossos filhos *tenham* de trabalhar onze horas por dia em uma profissão que odeiam para ganhar muito dinheiro e ser respeitados pelos demais? Que sentido tem fazer com que nossos filhos *tenham* de brincar com soldadinhos quando preferem bonecas? Que sentido tem fazer com que nossos filhos *tenham* de se converter em cristãos, judeus, muçulmanos, hinduístas, budistas ou o que for se não fizeram uma escolha voluntária? Que sentido tem fazer com que nossos filhos *tenham* de seguir os ditames da maioria quando sonham em descobrir seu próprio caminho na vida?

"A verdade é que a semente que cada criança traz com ela ao nascer fica sepultada sob uma grossa camada de asfalto imposta pela sociedade", afirmou. "A partir daí se desencadeia a segunda etapa do processo de construção da nossa personalidade: a *ignorância*, que começa na puberdade, uma vez que já tenha se formado nosso sistema de crenças. Ao começar a viver na base da programação com que fomos condicionados, nos sentimos profundamente inseguros e confusos, o que provoca a crise da adolescência. E não apenas isso. Na medida em que pensamos e funcionamos a partir destas crenças alheias, o condicionamento inculcado vai se consolidando em nossa mente, formando assim nossa personalidade. Ao repetirmos sem cessar determinadas mensagens e ideias ouvidas em nossa infância sobre o que temos que ser, fazer e ter para sermos aceitos como indivíduos 'normais' por nossa sociedade, finalmente acabamos nos convertendo naquilo que acreditamos ser. E o fato é que por mais que nos doa reconhecer, há quem fique ancorado nesta fase pelo resto da vida. Para muitos, o medo da mudança é mais forte do que o mal-estar, o vazio, a tristeza e a raiva que lhes provoca o fato de não se transformarem na pessoa que vieram para ser. 'Daí que existam homens que cultivem cinco mil rosas em um mesmo jardim... sem encontrar o que procuram. E, no entanto, o que procuram poderia estar em uma única rosa ou em um pouco de água. Mas, como vocês sabem, os olhos estão cegos. É necessário procurar com o coração'", acrescentou Pablo Príncipe, exibindo sua vertente mais poética, inspirada em Antoine de Saint-Exupéry.

"A terceira fase se chama *sabedoria* e começa no dia em que nos comprometemos a nos olhar no espelho para questionar as crenças com as quais fomos condicionados pela sociedade desde pequenos, removendo pilares muito profundos de nosso falso conceito de identidade. Graças ao autoconhecimento e ao desenvolvimento pessoal, podemos tornar consciente nosso sistema de crenças, decidindo voluntariamente aquilo de que gostamos, o que nos serve e o que nos convém manter de nossa forma de ser, inserindo novas informações e abandonando as velhas. É nesse momento que adquire uma enorme importância confirmar a veracidade ou a falsidade dos dogmas que nos foram impostos. Acima de tudo, porque a mentira é o alimento do ego, que tanto sofrimento nos causa, e a verdade é o que nutre nossa essência, que nos permite encher nossa mente e nosso coração de felicidade, paz e amor. Assim, a viagem que o crescimento pessoal propõe é a de despertar nossa consciência adormecida, detectando como funciona nosso ego para deixar de alimentá-lo e recuperar o contato com nossa essência, a partir de onde podemos desfrutar plenamente a vida."

A curiosidade de Jordi Amorós crescia de instante a instante. Sua mente estava repleta de perguntas que só podiam ser respondidas com o coração. Consciente disso, Pablo brincava com as palavras, querendo aplainar para os alunos o caminho às respostas, que eles só poderiam descobrir por meio das próprias experiências.

A FELICIDADE E A PAZ INTERIOR VÊM EM SÉRIE

— Agora que compreendo com mais clareza por que me transformei na pessoa que fui durante 57 anos — interveio o presidente —, me surge uma nova pergunta: como podemos saber quando estamos interpretando a realidade de forma egocêntrica, a partir de nosso ego, e quando estamos fazendo isso a partir de nossa essência, por assim dizer?

— É necessário partir de uma premissa muito simples — disse Pablo Príncipe —: a saúde, a satisfação, o bem-estar e a felicidade são o estado natural do nosso ser, enquanto a doença, a insatisfação, o mal-estar e o sofrimento são antinaturais. A partir daí, só precisamos ouvir os sinais que nosso corpo nos envia para saber se estamos alinhados com o natural e verdadeiro ou com o antinatural e falso. Uma vez que a realidade e tudo o que nela acontece é objetivo e neutro, cada vez que experimentamos emoções como o medo, a raiva e a tristeza significa que nossa interpretação foi egocêntrica e, portanto, subjetiva, falsa e errônea... Por exemplo, todos sabemos que ao tocar o fogo nos queimamos. Pois bem, a dor física é um sinal que nos avisa que o fogo é danoso para o nosso corpo físico. E, graças à dor, não voltamos a tocá-lo. Pois o mesmo acontece com o sofrimento emocional. A experiência do mal-estar é um indicador bem confiável de que nossa maneira de ver, compreender e interpretar o que nos acontece é equivocada e, consequentemente, improdutiva e insustentável. O mal-estar é um aviso de que a forma que estamos adotando para ver as coisas é danosa para nossa saúde emocional. Por isso aprende-se e amadurece-se tanto por meio do sofrimento e da doença, pois são caminhos que nos permitem compreender como viver alinhados com nossa verdadeira natureza e entrar em contato com uma felicidade e um bem-estar duradouros...

— Uma pergunta, Pablo — interveio Alicia Oromí. — Qual é a diferença entre a dor e o sofrimento? Não são a mesma coisa?

— Não, e é importante aprender a diferenciá-los. Por exemplo, se de repente Bernardo se cansasse da aula, se levantasse e me desse uma bofetada, é claro que eu sentiria dor, não é mesmo?

— Não me dê ideias, não me dê ideias... — brincou o zelador. Todos riram.

— Pois bem. Se a dor é inevitável, o sofrimento é opcional. Uma coisa é o fato de a bofetada me doer fisicamente. E outra, muito diferente, é sofrer emocionalmente por isso. Diante da bofetada, meu ego pode reagir, colocando-me na defensiva, preparando-me para devolvê-la. É claro que poderia ficar irritado e canalizar minha irritação com Bernardo de forma agressiva. Mas, como vimos, o importante não é o que acontece com a gente, mas a interpretação e a atitude que adotamos diante do que acontece. Fazendo uso consciente da minha responsabilidade, ou seja, da minha capacidade de responder, também poderia simplesmente aceitar o tapa, privando-o de importância, ou até mesmo rindo do acontecido. Neste caso, teria decidido suportar a dor e renunciar ao sofrimento.

"E o mesmo acontece, por exemplo, com uma dor de cabeça. Eu posso me queixar, maldizer meu azar ou lutar contra a dor, levando-me assim a experimentar o sofrimento. Ou posso, simplesmente, aceitar que tenho dor de cabeça, deitar na cama para descansar ou tomar uma aspirina. Como estão vendo, a dor é sempre física, e o sofrimento é sempre emocional: é criado em nossa mente em função do que pensamos a respeito do que acontece conosco. Assim, pois, queiramos aceitar ou não, sofrer é sempre uma escolha pessoal."

Depois de uma pausa para esticar as pernas e ir ao banheiro, o grupo retomou o curso. A primeira a intervir foi Verónica Serra. Queria ler uma pergunta que havia escrito em seu caderno durante o intervalo.

— Perdão, Pablo, mas há uma coisa que não consigo entender... Se tudo o que acontece é neutro e objetivo — leu — e nossa verdadeira natureza são o bem-estar e a felicidade, por que os seres humanos, e aponto para mim mesma em primeiro lugar, temos a mania de interpretar as coisas que nos acontecem de forma egocêntrica, ferindo constantemente a nós mesmos?

QUESTIONAR O SISTEMA DE CRENÇAS

— Obrigado, Verónica. Em minha opinião, você acaba de tocar no xis da questão — sorriu Pablo Príncipe, cujo elogio levou Verónica a ruborizar. — Até agora concluímos que nosso mal-estar, embora seja uma simples emoção negativa, surge como consequência de pensar negativamente. O que nos faz sofrer não tem nada a ver com o que nos acontece, mas com o que achamos que nos acontece. Por isso nosso esforço não deve se concentrar em mudar nossas circunstâncias, mas sim em nossa maneira de olhá-las e interpretá-las. Ou seja, ter consciência de que o medo, a raiva e a tristeza que experimentamos quando, por exemplo, nosso chefe não nos apoia, nos trata sem respeito ou não reconhece nosso trabalho, surgem quando interpretamos estes fatos de forma egocêntrica. Como dissemos antes, sofremos quando não vemos nossos desejos e expectativas serem realizados.

"Indo um pouquinho mais longe e respondendo a sua pergunta, é interessante compreender que nossas interpretações egocêntricas são uma consequência do fato de funcionarmos de acordo com uma série de crenças errôneas que nos limitam. Como dissemos antes, desde que nascemos somos condicionados pela influência de nossos pais em particular e da sociedade em geral, o que com o tempo vai conformando nosso sistema de crenças. É como uma manta que cobre nosso ego. E, apesar das boas intenções com que fomos condicionados, estas diretrizes estão fundamentadas na ignorância e na inconsciência passadas de geração a geração... Basta dizer que atrás de qualquer experiência de mal-estar se esconde uma crença limitadora, que, por sua vez, condiciona nossa maneira de ver, compreender e interpretar o que acontece com a gente...

— Você poderia dar algum exemplo? É que não ficou muito claro... — assinalou Bernardo Marín.

— Claro. Costumamos acreditar que somos felizes quando as coisas estão indo bem, não é verdade? Por isso nos centramos em tudo o que acontece fora de nós mesmos: tentamos triunfar a todo custo no trabalho, queremos que os demais tenham uma boa opinião a nosso respeito e tentamos conseguir as coisas que desejamos. Pois bem, por que fazemos tudo isso? Porque em nosso sistema de crenças se instaurou uma ideia errônea e limitadora: que nossa felicidade depende de circunstâncias e fatores externos... No entanto, o paradoxo é que as coisas começam a correr bem quando aprendemos a ser felizes por nós mesmos, mediante um firme compromisso com nosso autoconhecimento e desenvolvimento pessoal. E esse processo passa, irremediavelmente, por questionar nossas crenças, que, na realidade, são ideias, normas, valores e convenções de segunda mão.

Pablo Príncipe fez uma pausa e acrescentou:

— Além do mais, esse questionamento é o que nos levará a conhecer a verdade.

— Não gostaria de parecer chato — disse de repente o zelador, levando alguns empregados a suspirar profundamente. — Mas é que já me perdi várias vezes... Quando você fala a respeito de "conhecer a verdade", está se referindo exatamente a quê?

— Quando digo "verdade" me refiro a toda informação que, colocada em prática, nos permite obter resultados de satisfação que desejamos obter. E a quantidade de caminhos que levam à felicidade é igual à de seres humanos existentes neste mundo. A respeito do crescimento pessoal, a verdade é a felicidade, a paz interior, o amor...

— O amor como comportamento, não? — comentou Bernardo Marín, cúmplice.

— Exatamente — assentiu Pablo. — Agora me vem à recordação minha longa estada na Colômbia, onde fui aluno de um grande mestre, o filósofo Gerardo Schmedling. Ele costumava dizer que "verdade é todo pensamento que deixa paz e harmonia em nossa mente e toda ação que deixa paz e harmonia em nosso coração". Assim, enquanto a verdade é filha de nossa essência, a mentira é filha de nosso ego. E para saber por qual das duas estamos optando a cada momento, basta verificar como nos sentimos por dentro. Nossa biologia é muito sábia. Só precisamos aprender a compreendê-la e ouvi-la.

"A verdade é que atrás de qualquer experiência de bem-estar estão a compreensão e a sabedoria. Ou seja, que se formos capazes de olhar, diante de qualquer pessoa e diante de qualquer situação, o que nos acontece com mais consciência e objetividade, encontraremos a maneira de fazer com que nossa experiência nos permita preservar o equilíbrio. Só tendo como base esta mudança interna poderemos começar a adotar externamente a atitude e a conduta mais conveniente a cada momento. Daí que seja tão importante questionar o que nos venderam como certo e liberar-nos das mentiras que atualmente podem estar contaminando nosso sistema de crenças.

"Voltando aos exemplos anteriores, é preciso deixar bem claro que não é a falta de apoio do nosso chefe que nos provoca medo. Não é sua falta de respeito que nos leva a sentir raiva. E não é sua falta de reconhecimento que nos conduz à tristeza... De fato, aquilo que esperamos que os outros e a vida nos deem é exatamente a única coisa que não estamos dando a nós mesmos. Nós somos a única coisa que falta em nossa vida! Por acaso confiamos na gente? Aceitamo-nos e nos respeitamos assim como somos? Valorizamo-nos e nos reconhecemos pelo que fazemos?"

A maioria negou com a cabeça.

O DESAFIO DO AUTOABASTECIMENTO EMOCIONAL

— Permitam-me insistir — continuou Pablo. — Devido a nossas carências interiores, costumamos acreditar em uma das grandes mentiras preconizadas pelo sistema em que vivemos: que nosso bem-estar e nossa felicidade dependem de algo externo. Esta é uma das falácias que mais nos limitam, pois tudo aquilo de que realmente precisamos e que costumamos procurar fora somente nós podemos nos dar mediante as decisões diárias. Nisso consiste se autoabastecer emocionalmente. O segredo reside em detectar nossas crenças equivocadas e limitadoras. Para consegui-lo, temos de ter consciência e nos tornarmos responsáveis pelas interpretações que nos geram mal-estar. Só assim poderemos substituí-las pouco a pouco por verdades verificadas por nossa própria experiência, como a de que nosso bem-estar e felicidade dependem apenas de nós mesmos e da maneira como interpretamos o que nos acontece. Daí que todos os grandes sábios tenham repetido sem cessar que a verdadeira batalha não é travada fora, mas dentro de cada um de nós... — Pablo Príncipe passou a mão nos cabelos, respirou profundamente e disse — Mais alguma pergunta?

Verónica Serra pigarreou suavemente. Hesitou por alguns segundos e, por fim, perguntou:

— Só uma coisinha. Entendo que tudo o que você está dizendo é teoria e que o desafio é colocá-la em prática... Mas para mim é muito difícil aceitar que os outros não tenham uma opinião positiva a meu respeito. O que mais você pode nos dizer sobre isso?

— Eu a compreendo perfeitamente. A maioria dos nossos conflitos emocionais tem a ver com nossas relações. De fato, a imagem que os demais possam fazer a nosso respeito com base em seus valores e crenças é algo que custa muito aos nossos egos aceitar. Mas o fato é que esta é uma coisa que não podemos controlar. Faz parte do que se denomina "círculo de preocupação", ou seja, tudo aquilo que não depende da gente. Por outro lado, nosso "círculo de influência" é o que, de fato, está ao nosso alcance, que, neste caso, é como vemos a nós mesmos. E isto é, exatamente, a única coisa de que precisamos para sermos felizes. Assim, o exercício consistiria em nos recordar a cada manhã, logo ao acordar, que nossa autoestima, nossa confiança e nossa paz interior dependem apenas de nós mesmos e de mais ninguém.

"E se você precisa de mais argumentos, permita-me contar uma fábula muito inspiradora, que me foi contada por um xamã na selva amazônica do Peru. Um homem e uma mulher foram viajar com seu filho de 12 anos, que ia montado em um burro. Ao passar pelo primeiro povoado, as pessoas comentaram: 'Vejam como esse menino é mal-educado: está montado no burro enquanto seus pobres pais caminham.' Então a mulher disse a seu esposo: 'Não podemos permitir que falem mal do nosso filho. É melhor você subir no burro.' Ao chegar ao segundo povoado, as pessoas murmuraram: 'Vejam que sujeito sem-vergonha: deixa que a criança e sua mulher puxem o burro enquanto ele vai com todo conforto em cima dele.' Então tomaram a decisão de colocar a mulher no burro enquanto pai e filho puxavam as rédeas. Ao passar pelo terceiro povoado, as pessoas exclamaram: 'Pobre homem! Depois de trabalhar o dia inteiro, é obrigado a colocar a mulher no burro! E pobre filho! O que será que o espera tendo uma mãe dessas?' Então resolveram subir os três no burro e continuar a viagem. Ao chegar a outro povoado, as pessoas disseram: 'Vejam que família! São mais bestiais do que o burro que os carrega! Vão quebrar a coluna do pobre animal!' Ao ouvir isso, resolveram descer e caminhar ao lado do burro. Mas ao passar pelo próximo povoado as pessoas voltaram a criticá-los: 'Vejam esses três idiotas: caminham quando têm um burro que poderia carregá-los!'"

Na reta final do curso, o presidente levantou a mão e deixou seu coração se manifestar:

— Só gostaria de compartilhar com vocês que estou me dando conta de que nessa questão de autoconhecimento ainda estou usando fraldas. — Sua confissão espontânea provocou várias gargalhadas. — Eu gostaria de perguntar uma coisa: o que posso fazer no meu dia a dia para ter mais consciência das minhas crenças limitadoras e interpretações subjetivas e deixar de ser tão reativo?

A IMPORTÂNCIA DE CULTIVAR A ENERGIA VITAL

— Obrigado, Jordi — sorriu Pablo, cúmplice. — Em relação a sua pergunta, vou responder que até agora só demos informações. Ou seja, falamos e refletimos sobre a importância de adquirir consciência para não sermos vítimas de nosso ego. Mas outro ponto chave do desenvolvimento pessoal é a necessidade de cultivar a energia vital, aquela que nos permite manter um excelente nível de consciência. Imaginem que acordam de manhã sem tempo para o desjejum. A caminho do trabalho, não param de pensar na reunião que terão à tarde, pois lhes caberá apresentar um importante informe a um de seus melhores clientes. Ao chegar ao escritório, ligam o computador e o celular e começam a trabalhar à toda. Estressados por não terem terminado o PowerPoint que usarão para fazer sua apresentação, às três da tarde ainda não conseguiram comer. De repente, seu chefe se aproxima com cara de poucos amigos e lhes pergunta em que pé está o informe. Como vocês acham que lidariam com essa situação? Reagiriam mecânica e impulsivamente, sem a menor possibilidade de dominar sua atitude e conduta? Ou por acaso seriam capazes de dar uma resposta serena, assertiva, confiante e consciente?

Manuela e Alicia se entreolharam e riram com cumplicidade.

— Se de fato somos coerentes com a consciência que nos foi brindada pelo nosso processo de autoconhecimento e desenvolvimento pessoal, inevitavelmente começaremos a mudar certos hábitos do nosso dia a dia — continuou Pablo. — Trata-se de adotar um estilo de vida saudável e sustentável, onde exista equilíbrio entre o trabalho e o descanso, entre a atividade física e o relaxamento mental. Daí que as empresas socialmente responsáveis estejam se comprometendo pouco a pouco a promover políticas e a adotar medidas que permitam a seus empregados conciliar a vida pessoal, familiar e profissional.

"Como já dissemos", acrescentou, "a consciência é o espaço que vamos criando entre o que nos acontece e nossa consequente reação ou resposta. Quanto menos energia vital, menos consciência e mais reatividade. Por outro lado, quanto mais energia produzirmos e acumularmos, maior será nosso nível de consciência e menor será nossa impulsividade. Daí que devamos identificar o que nos consome e o que nos fornece energia. A ciência ocidental demonstrou empiricamente que a coisa que mais nos desgasta energeticamente é o pensamento negativo. E não vamos dizer agora o quanto nos debilita ter uma discussão ou uma briga com outra pessoa! Ficamos completamente vazios! Entretanto, o pensamento positivo abastece nosso depósito de energia. Sem dúvida, o que mais sobe nosso nível de energia vital é estar à vontade com os demais em qualquer contexto e diante de qualquer situação."

— E você, Pablo, o que faz para incrementar seu nível de energia e se conectar com sua essência? — perguntou-lhe Manuela Marigorta.

— Descobri que me faz muito bem fazer exercícios diariamente, introduzir em minha dieta a nutrição energética, pensar de maneira positiva e dedicar um tempinho do dia à meditação.

— Meditação, você disse? — reagiu Bernardo.

— Quando digo meditar me refiro a aprender a me conectar comigo mesmo, tentando me ancorar no momento presente. No meu caso, acho maravilhoso ir a um parque, sentar em um banco e não fazer nada. Só respirar e relaxar. O que mais me abastece de energia é ver as crianças brincarem. Ao observá-las, me sinto mais perto da criança que ainda carrego dentro de mim... Isso sim, não fazer nada, é um treinamento. No começo recordo que fazia com que me sentisse muito incomodado, pois entrava em contato com minha ansiedade, com a dor acumulada no passado... Mas pouco a pouco, depois de passar muitas horas sentado, respirando e relaxando, fui me conectando a uma profunda paz interior, que fazia com que me sentisse unido a tudo o que me cercava. Para mim, meditar é viver no presente. E você pode fazê-lo sentado, às escuras e em silêncio, ou pode até mesmo praticar enquanto lava pratos. Quando você aprende a fazer uso da mente de forma voluntária e consciente, torna-se muito mais fácil administrar a si mesmo, assim como ser mais eficiente na maneira de responder à vida. Além do mais, quando para de perder energia, começa a multiplicá-la dentro de você, entrando em um círculo virtuoso. Só com energia se pode ser consciente. E só quando se é consciente se pode colocar em prática a sabedoria.

"Quando começamos a administrar a nós mesmos de um modo mais consciente, cultivando nossa energia vital, entramos na terceira parte do apaixonante caminho do aprendizado: o desenvolvimento pessoal. E isso é exatamente o que vamos fazer de agora em diante nesta organização. Embora Jordi esteja muito comprometido em fazer com que vocês tenham as melhores condições de trabalho possíveis, eu só lhes peço que considerem a Sala de Máquinas como uma escola maravilhosa de treinamento para parar de reagir de forma egocêntrica e começar a dar uma resposta mais consciente aos desafios e adversidades que vão surgindo a cada dia em seu trabalho. De fato, se você não se importa, Jordi, gostaria, com sua permissão, de rebatizar a Sala de Máquinas de Sala de Aprendizado."

— Está feito — assentiu o presidente.

A ARTE DA COMPAIXÃO

— E embora possa lhes parecer absurdo o que vou dizer — disse Pablo —, eu os convido a considerar nosso consultor-chefe, Ignacio Iranzo, como seu grande mestre. Pelo menos do ponto de vista do crescimento pessoal.

Os funcionários olharam uns aos outros, com expressões de incredulidade.

E, assim que o disse, Jordi Amorós acrescentou:

— Como vocês sabem, Ignacio está há alguns meses muito distraído. E embora eu já intuísse, agora me dou conta de que está sofrendo muitíssimo. E, claro, este sofrimento o transformou em um escravo de seu ego. Por isso é tão reativo e está sempre de mau humor... Mas diga-nos, Pablo, o que de melhor podemos fazer a respeito?

— O melhor que cada um de vocês pode fazer por Ignacio é estar bem consigo mesmo. Digo isso porque assim, ao interagir com ele, deixaremos de reagir mecanicamente, podendo adotar uma atitude mais benéfica, tanto para nós mesmos quanto para ele. Além disso, se queremos que mude, o mais eficiente é aceitá-lo como é. Como vocês sabem, aceitar não quer dizer estar de acordo com o que diz nem com o que faz. E tampouco consiste em nos resignarmos em tolerá-lo. Aceitá-lo tal como é significa parar de reagir impulsivamente para começar a dar uma resposta mais consciente, amorosa e construtiva. Se cada um de nós conseguirmos aceitá-lo de verdade, Ignacio deixará de investir tempo e energia em lutar contra nós e ficará mais perto de compreender que ele é cocriador e corresponsável por seus problemas e conflitos. Se não encontrar resistência externa, não terá outro remédio a não ser se olhar no espelho.

"Além do mais, uma vez que Ignacio faz parte desta consultoria", acrescentou, com um brilho especial nos olhos, "eu os animo a praticar a compaixão. E, por favor, não confundam esta bela palavra com sentir dó ou pena dele. A verdadeira compaixão consiste em compreender o que a outra pessoa está sofrendo e que, devido ao seu mal-estar interno, está tomando atitudes e condutas nocivas e destrutivas. Eu lhes digo isso porque esta compaixão também faz com que nos demos conta de que na realidade Ignacio não é dono dele mesmo. Ele não quer gritar, se irritar e ficar o tempo todo de mau humor. Ninguém deseja viver assim! O que acontece é que ele é um escravo de seu ego, de seu mecanismo de sobrevivência emocional... Embora não lhes pareça, está se comportando o melhor que pode com base no seu grau de compreensão, seu nível de consciência e, sobretudo, seu estado de espírito, marcado pelo mal-estar, pela insatisfação e pelo sofrimento. O certo é que não existe culpa nem maldade. O que abunda de fato é um excesso de ignorância e inconsciência, dificuldades que levam muitos a inflar tanto seus egos que terminam cometendo todo tipo de atrocidades com os demais... Assim como todos nós, Ignacio está envolvido por seu próprio processo. Como dissemos, muitas pessoas precisam chegar ao fundo do poço para se atrever a mudar. Até que não experimente uma saturação, certamente continuará se comportando desta maneira. Sei que não é nada fácil, mas confio que por meio de nossa aceitação e de nosso amor, nós todos poderemos inspirá-lo para que encontre o caminho em direção a si mesmo.

Em seguida e antes que começasse a parte mais prática do curso, Pablo Príncipe abriu sua mochila e deu a todos os presentes um livro de introdução ao autoconhecimento e ao desenvolvimento pessoal.

— Tenho muito carinho por este livro — disse. — Em certo momento fez com que me desse conta de que não sabia nada sobre mim mesmo ou sobre a vida. E a verdade é que o continuo lendo para não esquecer que o importante é ser honesto e humilde consigo mesmo. Considerem isso como anotações do curso. Como sabem, para que a nova informação tenha um impacto em nossa vida, é preciso relê-la e repeti-la muitas vezes. Só assim poderemos reprogramar nossas mentes de forma voluntária e consciente. Enfim, queridos amigos, espero que este livro os inspire tanto quanto a mim. Sua leitura me permitiu redescobrir a vida. Nunca mais voltei a ser o mesmo.

VIII

Em busca de si mesmo

Segunda-feira, 16 de junho de 2003

A Consultoria SAT adotara, há vários meses, uma política de conciliação histórica, que permitia a seus empregados trabalhar em casa. A empresa os equipara com um computador portátil e um telefone celular. Desta maneira, podiam se comunicar virtualmente com os clientes onde estivessem, sem ser obrigados a ir todos os dias à sede da empresa. A única exceção era Verónica Serra que, devido à função de recepcionista, continuava indo todos os dias ao escritório. No entanto, foi compensada financeiramente, embora continuasse a fazer o mesmo trabalho. Esta era a nova política de abundância e generosidade, implantada diretamente pelo presidente.

Ao mesmo tempo, foi estabelecida uma política de cumprimento de objetivos, iniciativa que permitia aos colaboradores saberem exatamente que responsabilidades deviam assumir e cumprir todos os meses. Com mais autonomia, os profissionais podiam se organizar de forma mais livre, conciliando sua vida pessoal, familiar e profissional com total naturalidade. Para coordenar e supervisionar essa mostra de confiança, cada departamento contava com um líder, que, por sua vez, tinha de prestar contas a Ignacio Iranzo na primeira segunda-feira de cada mês.

Estas medidas de flexibilização foram incentivadas por Pablo Príncipe, aprovadas por Jordi Amorós, recebidas com surpresa pelos funcionários e demonizadas por Ignacio Iranzo. Seu mau humor começava a se tornar inteiramente insustentável.

— Maldito Principezinho! Confiar desta maneira nos empregados vai nos levar à falência e ao caos! — gritou enfurecido a Jordi, momentos depois de assinar o acordo definitivo. — Esta empresa não precisa de confiança, e sim de controle. Por que você não me apoia, Jordi? Se não posso ver onde estão meus funcionários, como vou saber o que estão fazendo? Se não posso lhes dar ordens, qual é o meu papel de chefe? Será que sou a única pessoa que não ficou louca nesta consultoria? Não sei se você se dá conta, mas com esta medida perderemos todo o poder sobre nossos empregados. E não se esqueça de que só se respeita aquilo que se teme...

Por mais que Ignacio resmungasse e insistisse, o presidente se manteve firme. Depois de confiar no que não podia ver e começar a senti-lo, o presidente estava comprometido com os ditames de seu coração, silenciando todas as dúvidas, os medos e as inseguranças que às vezes assaltavam seus pensamentos. Pela primeira vez em sua vida tinha fé: sabia que mais cedo ou mais tarde conseguiria humanizar a empresa que fundara vinte anos antes.

E aquela mudança radical em sua escala de valores começou a se extrapolar a todos os âmbitos de sua vida. Assim, embora o presidente desfrutasse como nunca sua profissão, também dedicava cada vez mais tempo à família. No entanto, sua mulher tinha dificuldade de reconhecer que aquele executivo extremamente terno e carinhoso era o mesmo homem com quem havia se casado. E o que dizer de seus filhos, que de repente começaram a receber telefonemas e visitas de um estranho que se apresentava como "papai"? Para sua surpresa, Jordi não era mais um escravo do estresse nem da pressa e mostrava um sincero interesse pelo que acontecia em suas vidas...

Os funcionários da Consultoria SAT, por sua vez, resolveram pendurar na parede da Sala de Aprendizado um decálogo com algumas das principais conclusões do curso de introdução ao autoconhecimento e ao desenvolvimento pessoal. "A empresa como espaço de aprendizado" era o título do texto, seguido por dez reflexões, emolduradas entre uma lâmina de madeira e outra de vidro:

1. A saúde, a satisfação, o bem-estar e a felicidade são nosso estado natural, enquanto o antinatural são a enfermidade, a insatisfação, o mal-estar e o sofrimento.
2. Entre o estímulo externo e nossa conseguinte reação interna há um espaço no qual temos a liberdade de escolher a resposta que nos seja mais conveniente.
3. Sentir medo, raiva ou tristeza significa que nossa interpretação do que aconteceu conosco foi egocêntrica e, portanto, subjetiva, falsa e equivocada.
4. Enquanto nos entregarmos a nossas reações emocionais, continuaremos sendo escravos de nossas circunstâncias.
5. Quando dispomos de pouca energia vital, temos menos consciência e somos mais reativos. No entanto, quanto mais energia acumulamos, maior é nosso nível

de consciência e nossa capacidade de dar a resposta que nós mesmos escolhemos.
6. Uma vez que todo mundo faz o melhor que pode, o desafio consiste em aprender a aceitar os demais assim como são e fluir com as coisas tal como vêm.
7. Não existe culpa nem maldade. O que de fato abunda são a ignorância a respeito de quem somos e a inconsciência de não querer sabê-lo.
8. Lamentar-nos, queixar-nos e aborrecer-nos não serve para mudar o que aconteceu conosco e, no entanto, destrói nosso bem-estar interno.
9. Acreditar que somos vítimas dos outros e das circunstâncias é o problema. A solução passa por compreender que nós somos os únicos responsáveis por nosso bem-estar e nosso mal-estar.
10. O êxito não é a base da nossa felicidade, enquanto a felicidade é, sim, a base de qualquer êxito verdadeiramente sustentável e com sentido.

Assim que entrou no edifício da Consultoria SAT, Pablo Príncipe cruzou com o zelador, que varria o chão cantarolando o que pretendia ser uma canção.
— Bom dia, Pablo. Como estamos nessa segunda-feira? Alguma novidade pela frente?
— Bom dia, Bernardo — respondeu Pablo, caminhando em direção às escadas, com uma mochila pendurada no ombro. — Hoje estou um pouco enrolado... Conversaremos em outro momento. Espero que você tenha um bom dia — despediu-se momentos antes de deixar a portaria.
O zelador franziu o cenho e começou a coçar a papada. "O que lhe custaria me dedicar dois minutinhos?", lamentou-se.

Mas logo detém a corrente mecânica do pensamento. Bernardo Marín acabara de perceber que, em vez de aceitar o que havia acontecido, estava se queixando de forma reativa do que não acontecera. "Meu bem-estar depende de mim mesmo", pensou. E começou a rir sozinho, retomando sua atividade com a vassoura.

Ao entrar na recepção da consultoria, Pablo se sentou em um dos sofás e colocou a mochila no chão. Sentia-se um pouco inquieto e resolveu se dar um momento para respirar. Enquanto inspirava e expirava profundamente, Verónica Serra atendia o telefone.

— Eu estou entendendo o senhor perfeitamente, mas não é possível fazer a transferência — disse a recepcionista depois de um tempo. — O senhor Amorós não está no escritório e me pediu expressamente que não transfira as chamadas para seu celular.

No outro lado do telefone, um alto executivo de uma empresa cliente exigia falar imediatamente com o presidente. E, pelo tom de sua voz, parecia estar muito estressado. E como podia ser diferente, já que se tratava de um assunto urgente? Apesar do respeito mostrado por Verónica, o cliente começou a gritar com ela, insistindo que ela não sabia com quem estava falando.

Pouco antes de se deixar vencer por sua reatividade, a recepcionista sorriu e disse para si mesma: "Que droga, este sujeito insuportável não está gritando comigo, mas com o telefone!" Imediatamente puxou o fone de ouvido e afastou-o alguns palmos da orelha. "Não considere isso como uma coisa pessoal, Verónica", pensou. "Este sujeito não deve estar tendo um bom dia e está em seu direito de se aborrecer por não poder falar com o Sr. Amorós. Além do mais, isto não me impede de ser feliz..." Depois de inspirar profundamente, a recepcionista voltou a ajustar o fone e retomou a conversa telefônica.

— Desculpe, cavalheiro. Sinto muito não poder passar sua ligação para o Sr. Amorós. Se quiser, assim que ele chegar lhe direi que ligue para o senhor com urgência. Poderia ter a gentileza de me dar seu nome e o número de seu telefone direto, por favor?

O alto executivo continuou protestando por mais alguns segundos, até que concordou em lhe dar as informações. Ao desligar o telefone, Verónica sorriu para Pablo e lhe agradeceu com o olhar. "O que entrego aos outros é a única coisa com a qual eu fico", sussurrou para si mesma. "Minha autoestima só depende de mim, da maneira como me vejo e me trato a cada momento..."

Mais calmo e relaxado, Pablo se levantou do sofá, pegou sua mochila e sem dizer uma única palavra beijou as duas bochechas de Verónica, que ficou vermelha como um tomate.

— Vejo que você está muito bem esta manhã.

— Obrigada, Pablo. Você também não está nada mal.

Pablo ruborizou.

— Bem, você já sabe o que dizem os místicos — comentou.

— Não tenho a menor ideia, mas gostaria muito de saber.

— Que a beleza está no olho do observador.

Verónica sorriu, tapando a boca com a mão.

— É preciso ver como são os místicos, hein? — A recepcionista ajeitou os cabelos e acrescentou — Diga-me uma coisa: além de experimentar e de filosofar, eles também almoçam, não?

— E como! Os verdadeiros místicos não desjejuam, mas concebem a vida como um grande banquete! — exclamou Pablo, sorridente.

— Então fico alegre por eles...

Depois de um longo silêncio e vendo que Pablo Príncipe permanecia calado, a recepcionista se animou a dar o primeiro passo.

— Pablo, você gostaria de me convidar para jantar hoje à noite? Alguém me falou de um restaurante que...

— Sinto muito, mas não costumo ir a restaurantes — ele a interrompeu.

— Ah, bom, estava pensando que talvez...

E antes que Verónica recuasse, Pablo Príncipe voltou a interrompê-la:

— Se lhe agrada, terei o maior prazer de cozinhar para você na minha casa.

O rosto de Verónica se iluminou. Seu coração começou a bombear com força. E era tanta que temeu que Pablo pudesse ouvir as batidas.

— Será um prazer! — exclamou.

— Ótimo, nos vemos então hoje à noite?

Verónica assentiu sorrindo.

— Fantástico... E Jordi? Onde está? — perguntou Pablo, mudando de assunto.

— Está com a família. Me pediu para não ser incomodado por ninguém.

De repente o telefone voltou a tocar. Era a secretária do alto executivo que havia ligado antes. Ligava para se desculpar em seu nome.

Enquanto Verónica Serra agradecia àquele inesperado gesto, Pablo Príncipe se dirigiu à Sala de Aprendizado com um objetivo muito claro na mente: conversar com Alicia Oromí. Embora fossem 11 da manhã, o salão estava praticamente deserto. Havia apenas duas pessoas em cada departamento. E pelo menos até aquela data, a consultoria não só continuava funcionando como estava melhorando de rendimento e produtividade. De fato, Pablo Príncipe elaborara algumas enquetes que tinham o objetivo de verificar o grau de satisfação de cada cliente, de maneira que fosse possível medir o impacto que as mudanças introduzidas estavam tendo sobre os serviços oferecidos pela consultoria. E na Sala de Aprendizado reinava pela primeira vez um clima marcado pela tranquilidade e pelo bom humor.

— Sinto muito pelo atraso, Alicia — desculpou-se Pablo, colocando a mochila na escrivaninha.

— Ora, não tem a menor importância — disse Alicia, encolhendo os ombros.

— Como você está se sentido hoje?

— Bem, como sempre — respondeu, sem conseguir olhá-lo diretamente nos olhos. — E como vai você? — perguntou-lhe, tentando dissimular a avultada barriga com os braços.

— Pedi que viesse hoje de manhã para conversar sobre sua gravidez.

— Minha o quê? Me perdoe, Pablo, mas não sei do que você está falando.

— Com quantos meses você está, Alicia?

— Reconheço que engordei alguns quilos, mas...

E Pablo Príncipe, que jamais renunciava a uma pergunta depois de tê-la formulado, insistiu:

— Alicia, olhe nos meus olhos. De quantos meses você está?

Sem deixar de abraçar a parte baixa de seu ventre, Alicia dirigiu seu olhar ao chão.

— Já lhe disse que não estou grávida. Agradeço por se preocupar comigo, mas me deixe em paz, por favor...

Pablo abraçou Alicia, que não conseguiu conter suas lágrimas.

— Não quero perder meu trabalho — reconheceu.

— Mas você não vai perdê-lo — sussurrou Pablo no seu ouvido. — Sei que esta consultoria tomou decisões pouco acertadas no passado, mas as coisas mudaram.

— Se não lhe disse nada até agora é porque estava com medo de ser a quinta mulher grávida que esta empresa despede nos últimos quatro anos.

— Eu sei, Alicia. Mas garanto que você vai ser a primeira a ficar, e será um exemplo para que as outras mulheres saibam que aqui é possível ser mãe e profissional ao mesmo tempo. Hoje à tarde tomaremos as providências necessárias para formalizar sua licença-maternidade. Que sentido tem fazer parte de uma empresa que impede os funcionários de se dedicar com todo o coração às coisas verdadeiramente importantes? Ser mãe é a maior viagem da vida! E as crianças são nossos grandes mestres! Esta empresa vai apoiá-la como você merece. Tudo correrá muito bem, você vai ver!

Alicia pegou um lenço e enxugou as lágrimas.

— Muitíssimo obrigada, Pablo.

— Eu é que lhe sou grato!

Alicia sorriu. E, olhando diretamente nos olhos de Pablo Príncipe, lhe perguntou:

— E o que faremos com Ignacio?

— Não ligue para ele. Parece que chegou o momento de Ignacio se preocupar apenas com ele mesmo.

Os dois riram, embora Alicia não soubesse muito bem por quê.

No outro extremo da Sala de Aprendizado, Manuela Marigorta estava concentrada na preparação de uma nova apresentação. Por alguns momentos, apoiou-se no respaldo da cadeira, entrelaçou as mãos atrás da cabeça e sorriu como não costumava fazer. "Como as coisas estão mudando por aqui", pensou. Enquanto isso, Ignacio Iranzo corrigia um informe que a própria Manuela lhe entregara dias atrás. E o fazia na solidão de sua sala, que, naquela hora da manhã, depois de ter fumado uma dezena de cigarros, estava inundada por uma espessa camada de fumaça. E, ao concluir a leitura, soltou um enorme suspiro.

"Minha Nossa Senhora, Manuela!", disse a si mesmo, irritado. "Você chama isto de trabalhar? Tem a sorte de não ser a única incompetente nesta empresa... A verdade é que, agora que estou pensando, descubro que todos meus empregados me decepcionaram. Não são nem um pouco sérios! Até mesmo Jordi falhou comigo com sua atitude ingênua e infantil! Não sei o que viu nesse cara! Maldito Principezinho! Já não sei mais o que posso fazer para que as coisas voltem a ser como eram..."

Em seguida olhou para a aliança e abaixou a cabeça. Pensar em sua mulher o conectava com sua vulnerabilidade e, sobretudo, com uma dor não resolvida, que havia meses arranhava seu coração.

"Não fique assim, Ignacio. Respire." E inspirou e expirou profundamente várias vezes. "Agora você vai procurar Manuela e lhe dizer o que pensa, mas sem fazer nenhum escândalo, hein? Leve em conta que nem todo mundo pode ser tão sério e competente como você. Precisa demonstrar aos demais que também é um ser humano..."

E depois de se dizer tudo o que precisava ouvir, Ignacio Iranzo abriu com delicadeza a porta da sala. De repente começou a sair uma densa fumaceira, que levou Manuela a rir a distância. Enquanto Alicia Oromí e Pablo Príncipe continuavam conversando sobre seus assuntos, Ignacio jogou dissimuladamente uma guimba no chão e esmagou-a com a sola do sapato. Depois desceu a escada em caracol e avançou sobre o cubículo de Manuela.

— Olá, Manuela, como está seu dia?

Manuela Marigorta olhou para Ignacio surpresa e desconcertada.

— Ora... Bem, acho que muito bem.

— Bem, acabei de ler seu informe e não estou muito contente com o resultado — reconheceu Ignacio, que não recordava a última vez que fizera tamanho esforço para ser amável.

— Ah! Bem, não sei... Tentei fazer o melhor que pude. Levei seis semanas para terminá-lo — respondeu Manuela, começando a balançar nervosamente a perna direita debaixo da mesa.

— Ora, ora, entendo... Vamos ver... — Ignacio começava a perder o controle. — Sinto muito, mas você vai ter de refazer o trabalho. Preste atenção na cor da capa. É horrível! E encontrei no texto pelo menos três erros de ortografia, uma coisa inaceitável! Faça agora mesmo as correções que apontei. E quero que tudo esteja pronto antes de você ir embora! — resmungou, atirando o informe na mesa.

Ignacio se aborreceu com ele mesmo por ter sido tão rude. Mas esta pequena tomada de consciência só o levou a se irritar ainda mais internamente. Manuela Marigorta, por sua vez, perguntou a si mesma: "O que é que você não está admitindo, Manuela? Ignacio não está criticando você, mas o informe. E age assim porque é evidente que está muito mal com ele mesmo e por isso não é capaz de ver as coisas com objetividade..."

Manuela pegou o informe e começou a examiná-lo. Todas as páginas estavam repletas de anotações. Seria obrigada a refazer tudo.

— O informe tem 62 páginas. Não sei se vou ter tempo de terminá-lo hoje — atreveu-se a dizer Manuela, com certa prudência e timidez.

Este comentário foi a gota d'água para Ignacio.

— Estou pouco me lixando se tem 1.509 páginas! Nesta consultoria não se deixa um trabalho pela metade! Somos uma empresa séria!

"Ninguém pode feri-la sem seu consentimento", lembrou Manuela em seu foro íntimo. "Por isso nada do que lhe disser vai levá-la a reagir. Sua confiança depende de você mesma. Aceite Ignacio porque neste momento de sua vida não sabe o que faz nem pode fazer melhor..."

— Sinto muito, Ignacio. Agora mesmo vou mudar a capa, corrigir os erros de ortografia e começar a refazer o texto seguindo suas determinações — afirmou com certa tranquilidade.

Ignacio Iranzo respirava agitadamente; parecia um touro bravo prestes a investir.

— Tudo bem, Manuela. Tudo bem... Recorde que o mais importante nesta vida é a seriedade e um trabalho bem-feito — respondeu, contendo-se o máximo que pôde.

Manuela Marigorta sentia que acabara de realizar uma grande façanha épica. "Você é o máximo, Manuela!", celebrou intimamente. Ignacio, por sua vez, não conseguia parar de franzir o rosto e balançar a cabeça. Depois de dar uma rápida olhada na Sala de Aprendizado, gritou fora de si:

— Onde está todo mundo?

Não recebendo nenhuma resposta, saiu do cubículo de Manuela e tropeçou no decálogo emoldurado que pendia na parede. Assim que o viu, a ira explodiu em suas entranhas. Sem pensar duas vezes, arrancou-o com violência e procurou Pablo Príncipe.

— O culpado por todo este caos e descontrole é você, Pequeno Príncipe! — repreendeu-o. — Estou farto de suas besteiras! Não suporto ter de ver seu sorrisinho nem mais um segundo! Não suporto você nem seus valores de meia-tigela!

Em seguida, atirou o decálogo no chão com toda força de que era capaz. E, diante do olhar de uma dezena de funcionários, a moldura de madeira e vidro explodiu em mil estilhaços. Seus empregados o cercaram, atônitos diante do que estavam presenciando.

— E vocês? Que estão olhando? — gritou depois de alguns instantes.

Os olhos de Ignacio estavam inchados, vermelhos e úmidos. Pareciam dois globos prestes a explodir. Mas antes que as lágrimas o traíssem, saiu correndo para sua sala. E assim que entrou, fiel ao seu estilo de comunicação, bateu a porta com toda violência. Uma vez só, sentou-se em sua cadeira e desabou na escrivaninha: "Não posso continuar assim. Preciso de ajuda. Estou farto de mim mesmo! Não suporto continuar vivendo assim! Em que me transformei?"

Enquanto Ignacio Iranzo continuava trancado em sua sala, na Sala de Aprendizado, Pablo Príncipe tentava acalmar os ânimos dos funcionários. E, apesar dos gritos e dos insultos vociferados por Ignacio, não foi difícil restaurar a ordem. Suas atitudes haviam falado tão alto que não foi necessário recordar suas palavras para ter empatia com sua dor. Pela primeira vez, o grupo sentiu uma verdadeira compaixão pelo chefe. Ninguém se atreveu a julgá-lo. Manuela Marigorta, Alicia Oromí, Verónica Serra e todos os presentes compreenderam que aquele homem não era dono de suas palavras nem de seu comportamento. Desde que voltara ao trabalho depois de um mês de licença por depressão, Ignacio havia se convertido em um escravo da própria sombra. Era vítima e carrasco do seu profundo mal-estar.

Pablo era o único que conhecia as causas de seu sofrimento. É que naquele mesmo dia havia tomado café da manhã com a mulher de Ignacio, que precisou de duas horas para lhe explicar as dificuldades que viveram meses antes no seio de sua relação sentimental.

Naquela mesma tarde, depois de almoçar em casa com a família, Jordi Amorós se reuniu em sua sala com Pablo Príncipe para conversar sobre Ignacio. Assim que entrou, Pablo colocou a mochila no chão e se sentou perto do presidente.

— Já me contaram o que Ignacio fez — disse Jordi, balançando a cabeça. — Nós todos sabemos que ele tem uma personalidade muito impulsiva e veemente. Mas desta vez passou dos limites. Santíssimo ovo virado o desse sujeito! Me sinto muito mal, porque gosto dele como se fosse meu filho. Além do mais, é o profissional com mais experiência desta consultoria. Se não fosse por sua maldita atitude... Planejava promovê-lo. Mas parece que não quer mudar. Não sei, Pablo, mas começo a pensar na possibilidade de demiti-lo. Talvez seja o melhor para a empresa — afirmou, sem estar de todo convencido.

— Não é preciso, Jordi.

— O que você está dizendo?

— A demissão só agravaria seu ressentimento em relação a nós e à vida. Hoje de manhã conversei com sua mulher, uma pessoa realmente maravilhosa... Enfim, já sei o que está acontecendo com Ignacio. Você se lembra daquele mês em que ficou de licença?

— É claro, foi a primeira vez em 13 anos que faltou mais de dois dias ao trabalho. E neste momento não sei se considero isso uma virtude ou um defeito...

— O fato é que sua mulher me contou que naquela época Ignacio descobriu ser estéril. E, pelo visto, ter filhos é o maior sonho da sua vida. Quem poderia nos dizer que Ignacio morre de vontade de ser pai? — O presidente ficou mudo. — A mulher de Ignacio me pediu que tenhamos paciência e tentemos ajudá-lo — acrescentou Pablo. — E isso é o que lhe sugiro que façamos.

Jordi Amorós assentiu.

— Conte comigo.

— Sinceramente, eu também acho que Ignacio é uma pessoa muito útil e necessária para o projeto de futuro que estamos construindo... O único problema é que está há muito tempo viciado em mau humor, negatividade e vitimismo. Mas estas são doenças que, por sorte, têm cura. Em minha opinião, aquilo de que Ignacio mais precisa é recuperar o contato com a realidade. E para consegui-lo precisa viver uma experiência que lhe permita voltar a se conectar com ele mesmo.

— Por favor, continue. Estou ouvindo com atenção.

— Se queremos de verdade o melhor para Ignacio, devemos ajudá-lo a ter a oportunidade de resolver esta situação por ele mesmo. Estou propondo que a empresa lhe financie uma viagem nos meses de julho e agosto, a título de aperfeiçoamento profissional.

— Pagar uma viagem para ele?! — exclamou Jordi Amorós, de forma impulsiva. Fez uma pausa e, depois de um suspiro, acrescentou — Está feito. Aquele de segundos atrás não era eu, mas meu ego. Minha Nossa Senhora, como fica idiota o *pequenino* quando se trata de dinheiro!

Os dois riram amistosamente.

— Eu lhe proponho, Jordi, que ajudemos Ignacio a encarar o maior desafio de todos: conquistar a si mesmo.

— E como você pretende levá-lo a isso?

— Deve viajar sozinho a Madagascar. — O presidente arqueou as sobrancelhas e em seguida assentiu com a cabeça, tentando disfarçar seu desconcerto. — Não sei se você sabe, Jordi, mas viajar sozinho é uma terapia fantástica quando se trata de combater a infelicidade.

— Sim, está certo, mas esse lugar não fica muito longe? Que merda Ignacio vai encontrar em Madagascar?

— Esperemos que encontre a si mesmo... Madagascar é uma ilha remota, um verdadeiro paraíso onde o meio ambiente ainda reina sobre o asfalto. A maioria das pessoas vive integrada à natureza. Para facilitar os trâmites de Ignacio, me encarreguei de fazer sua mochila. Inclui uma farmácia, mapas, o livro de autoconhecimento que dei para vocês e uma relação de nomes de pessoas que poderá encontrar pelo caminho...

— Pelo caminho? A que você se refere?

— Se aceitar embarcar nesta aventura, Ignacio fará uma viagem de mil quilômetros. E a fará sempre a pé, sem outra companhia que seu passaporte, sua mochila e sua sombra. Vou lhe propor uma rota que começa no sudeste da ilha, em Fort Dauphin, e termina na capital, Antananarivo.

— Como você sabe tanto de Madagascar?

— Porque é a viagem que fiz exatamente antes da nossa primeira entrevista. Não tenho a menor dúvida de que será a melhor e a pior experiência de toda sua vida.

O presidente se perdeu em seus pensamentos durante alguns segundos. Tentava imaginar qual poderia ser a reação de Ignacio quando lhe propusesse semelhante aventura.

— É uma loucura das grandes! — exclamou — Mas já sabemos. Situações desesperadas requerem medidas desesperadas.

— Temos o apoio de sua mulher, uma mochila pronta e, há algumas horas, pedi a Verónica que se encarregasse da compra das passagens para o próximo 1º de julho. Assim, se você concordar, só falta sua aprovação.

— Eu confio em você, Pablo. E acredito que esta viagem poderá ser maravilhosa para Ignacio! Vou ligar agora mesmo para a mulher dele. Faz muito tempo que não tenho notícias dela...

— Estão esperando você para jantar na casa dos Iranzo às nove em ponto.

Diante do olhar incrédulo do presidente, Pablo Príncipe pegou sua mochila e tirou uma garrafa de vinho tinto. Sorridente, entregou-a a Jordi Amorós.

— Tome. Algo me diz que você vai precisar disso.

— Porra! Você foi de fato uma bela contratação!

— Obrigado, estou gostando muito de ser diretor de pessoas e valores desta consultoria.

— Santíssimo pilantra! E você diz que não cursou nenhum MBA!

— Não, já lhe disse que são muito caros e que ainda...

— Já sei, já sei — interrompeu-o o presidente, se espreguiçando. — Ainda não ensinam nada que seja verdadeiramente importante.

IX

Atenção!
O poder isola e corrompe

Quinta-feira, 1º de julho de 1999

Os escritórios dos sócios da consultoria onde Pablo Príncipe trabalhava quando tinha 27 anos ficavam no andar mais alto do edifício. Coloquialmente, estes diretores eram conhecidos como "os lá de cima". Em uma das salas, com paredes de vidro e uma vista impressionante, estava o diretor de recursos humanos e o chefe direto de Pablo. Fumando um charuto da melhor qualidade, tentava relaxar depois de um dia de trabalho intenso, compartilhando sua visão sobre o pequeno mundo que haviam criado na grande empresa.

— Como é bom quando se está bem — afirmou o diretor de recursos humanos. — Você aceita um pouco de uísque?

— Sim, e bem-servido, por favor — respondeu o chefe direto de Pablo, esfregando a nuca.

O alto executivo saiu de sua poltrona com rodinhas e foi até o minibar, onde encheu com generosidade dois copos pequenos de cristal talhado.

— Algum problema com aquela gente lá de baixo? — perguntou, soltando uma baforada de fumaça.

— Você acredita? Trata-se de um grupo de vagabundos. Todo dia fica mais evidente para mim que o único problema desta empresa é a incompetência dos empregados. Por que custa tanto ao pessoal lá de baixo se adaptar a nossa maneira de fazer as coisas? Ora, se somos o número um do mercado isso se deve a alguma coisa, não é mesmo?

O diretor de recursos humanos assentiu com a cabeça e passou com delicadeza o copo ao chefe direto de Pablo, que bebeu um gole e continuou raciocinando:

— Eu não sei o que ensinam a estes garotos nas universidades e nas faculdades de administração, mas tenho a sensação de que a cada dia estão se tornando menos espertos. Não pensam por si mesmos, se limitam a obedecer. E ainda por cima trabalham mal e devagar.

— Ora, não fique assim, homem — disse o diretor de recursos humanos, com uma expressão maliciosa que ressaltava as rugas de seu rosto. — Pense que a maioria destes rapazes não tem a menor ideia de quem são nem do que estão fazendo aqui. Estão todos mortos de medo. Têm a bunda tão grudada na cadeira que nem um único deles tem coragem de se queixar de como os exploramos. Isso quem está lhe dizendo sou eu, o diretor de recursos humanos!

Os dois riram, batendo seus copos com cumplicidade. E depois dos brindes, o diretor veterano continuou com sua dissertação:

— Eles temem as incertezas da vida. E esse temor os transforma em empregados dóceis e manipuláveis. E isso é uma coisa que sempre jogará a nosso favor. Não é à toa que os chamamos de "inocentes úteis". Estou de acordo quando diz que carecem de iniciativa, mas não é correto nos lamentarmos. Veja como custam pouco! No fim, nos entregam suas vidas em troca de um salário vergonhoso e uma falsa sensação de segurança.

— Você tem toda razão — reconheceu o chefe direto de Pablo, saboreando seu charuto especial com muito prazer. — Eu sinto, no entanto, que tenho estado mais estressado do que habitualmente. Estou há mais de três meses sem dormir direito. E acordo chutando o balde... Não sei, acho que logo vai passar. Desde que me divorciei não tenho estado muito gentil e ainda por cima...

— Você quer outra dose? — interrompeu-o o diretor de recursos humanos.

— Bem, sim, claro, por que não? Como estava lhe dizendo, minha mulher me deixou há seis meses e isso está me custando...

— Bem, tenho certeza de que tudo se ajeitará — afirmou taxativamente o executivo, oferecendo o copo ao chefe direto de Pablo.

Depois de um silêncio incômodo, o diretor de recursos humanos acrescentou:

— A propósito, o que está acontecendo com aquele rapaz do qual você me falou?

— Quem? Príncipe? — respondeu, cabisbaixo.

— Sim, esse, o Pequeno Príncipe.

— Não me fale desse garoto. Está há meses fazendo o que quer. Não há maneira de fazê-lo se deixar explorar... Outro dia, por exemplo, me disse que nesta empresa há um excesso de caciques e faltam valores humanos. Você não acha incrível?

O diretor de recursos humanos voltou a acender seu charuto.

— A esta altura da minha vida nada mais me surpreende. O que de fato eu acho engraçado é que em um mundo como o nosso alguém seja tão ingênuo a ponto de dizer que faltam... Como você disse que os chamou?

— Valores humanos.

O diretor de recursos humanos soltou uma sonora gargalhada. E, sem se dar conta, deixou cair cinza em sua gravata listrada.

— Então o Pequeno Príncipe diz que faltam valores humanos em nossa companhia... — repetiu, franzindo o cenho. — E que diabos são estes valores? E onde este pirralho acha que trabalha? Isto aqui não é uma ONG, e nós não somos irmãzinhas de caridade.

O diretor de recursos humanos se levantou da poltrona, deu dois passos ao redor da escrivaninha e disse:

— Olhe, como você me pegou de bom humor, vou ajudá-lo a resolver seus problemas com esse rapaz. Vou lhe dar uma lição da qual não se esquecerá jamais. Mande-o subir agora mesmo. Você vai ser testemunha de como vou me desfazer de sua patética ingenuidade.

O chefe direto de Pablo saiu da sala para fazer uma ligação do celular. Uma vez só, o diretor de recursos humanos começou a divagar com o olhar perdido no horizonte.

— O que este pirralho está pensando? Que eu não percebi o quanto este sistema é corrupto e cruel? Que acho que meu trabalho tem algum sentido? — perguntou a si mesmo de forma retórica. — Não sou nenhum estúpido. O que esse garoto não sabe é que enquanto eu receber meu salário no fim do mês nada mais me importa!

Sentados de novo frente a frente, em silêncio e com um copo na mão, aqueles dois altos executivos aguardavam com impaciência a chegada de Pablo Príncipe. Dali a pouco a secretária do diretor de recursos humanos o chamou pelo telefone, dizendo que um jovem acabara de entrar na recepção.

— Deixe-o entrar daqui a dez minutos — ordenou-lhe muito sério. — É o tempo de espera em média que um empregado precisa para saber quem manda aqui — brincou com seu companheiro.

Dez minutos depois, Pablo entrou com passo decidido na sala.

— Boa tarde, Sr. Príncipe. Sente-se, por favor. Pedi que viesse me ver porque estamos comemorando.

— Por favor, me chame de Pablo, que o Sr. Príncipe ainda é meu pai.

— Como preferir. Vou diretamente ao ponto. Recebemos algumas... algumas queixas de você. Aparentemente, seu caráter é um pouco... um pouco rebelde. Há quem diga que você gosta muito de fazer o que bem entende e não se adapta às necessidades da nossa organização.

— Sim. A verdade é que não me parece uma atitude inteligente se adaptar a um entorno tão... tão desumanizado e tóxico como o que me cerca — afirmou, brincando com o tom usado pelo veterano diretor.

E encarando seu chefe direto acrescentou:

— Como costumo dizer, não acredito no que faço, porque esta consultoria não cultiva nenhum tipo de valor. E, quando não há valores, para mim o trabalho não tem nenhum sentido. Vocês sabem melhor do que eu que ganhar dinheiro é relativamente fácil. O difícil é fazê-lo tratando com respeito os trabalhadores, gerando riqueza real para a sociedade e respeitando o meio ambiente do qual fazemos parte. Não acham?

O diretor de recursos humanos sorriu. Mas apenas para dissimular a raiva que sentia em seu interior. "Está zombando de mim ou o quê?", pensou. "Vou lhe ensinar como funcionam as coisas no mundo real. Você acha que se conhece? Todas as pessoas têm um preço. Agora mesmo vamos saber qual é o seu..."

— Sim, é claro — respondeu depois de algum tempo. — Estou totalmente de acordo, mas, como você disse muito bem, não é nada fácil... Por isso precisamos de você a bordo desta grande consultoria, pois, com a sua ajuda, esperamos que se torne mais humana — mentiu. — Era o que estávamos comentando exatamente agora. Sabemos que você vale muito, Pablo.

E por isso queremos que suba mais dois degraus na hierarquia da nossa empresa. Acabou de ser nomeado consultor sênior e com isso terá mais responsabilidades e uma equipe de seis pessoas sob sua responsabilidade. E, logicamente, um salário muito melhor, ajustado ao seu novo status... Agora você ficará apenas cinco patamares abaixo do nosso. Isso significa que, com um pouco de esforço, presença e sacrifício, em poucos anos poderá se tornar sócio da firma. O que acha disso?

Pablo o olhou diretamente nos olhos e, esboçando um sorriso, lhe respondeu:

— Desisto. Hoje mesmo vou parar de trabalhar para vocês. Esta empresa não tem nenhum sentido e não me resta a menor dúvida de que vai cair por seu próprio peso.

— O que você está dizendo? — exclamou impulsivamente o diretor de recursos humanos, com os olhos injetados de sangue. — Como se atreve a se recusar a abraçar a carreira profissional bem-sucedida que acabo de lhe oferecer?

Pablo Príncipe respondeu com serenidade:

— Se você chama isso de êxito, prefiro mil vezes ser um fracassado.

— Mas que diabos você vai fazer lá fora, em um mercado tão competitivo como o nosso está neste momento? — insistiu o diretor de recursos humanos.

— Não tenho a menor ideia. A única coisa que sei é que não quero continuar aqui dentro. "Para mim é mais importante tentar compreender por que as flores se esforçam tanto em fabricar espinhos que não servem nunca para nada. De fato, me parece uma coisa mais interessante do que passar o dia fazendo contas de somar e diminuir como se fosse um homem sério como vocês..."

Pablo se levantou da cadeira e ofereceu a mão àquele velho executivo, que a apertou a contragosto, sem entender muito bem o que acabara de dizer. Ao seu lado, seu ex-chefe direto se limitou a se despedir com um ligeiro movimento de cabeça. Com o coração cheio de confiança em si mesmo, Pablo Príncipe abandonou aquela sala, começando assim um novo capítulo da história de sua vida. E, diferente dos outros, acabara de começar a escrevê-lo com seu próprio punho e letra.

Apenas três semanas depois começou a dar a volta ao mundo com todo o dinheiro economizado desde que começara a trabalhar naquela consultoria. Tinha tudo muito claro: não pensava em voltar até que soubesse quem era, para que existia e que sentido queria dar a sua vida. Levou três anos, um mês e onze dias para descobrir.

X

Amadurecer consiste em deixar de se achar vítima das circunstâncias

Segunda-feira, 1º de setembro de 2003

Manuela Marigorta não recordava quando fora a última vez que se alegrara de que fosse segunda-feira. Motivada para ir trabalhar, parou diante do espelho alguns minutos antes de sair de casa. Olhou-se diretamente nos olhos e não pôde evitar se sentir um pouco estranha e confusa. Chegou até mesmo a questionar seu próprio entusiasmo.

— O que está acontecendo com você, Manuela? — perguntou-se — Por que você está tão feliz?

A verdade é que tinha dificuldade de relacionar seu estado de ânimo com a função que a partir daquela manhã iria exercer na Consultoria SAT. Depois de uma vida profissional marcada pela frustração e pela resignação, Manuela vislumbrava a possibilidade de levar uma vida profissional útil, criativa e com sentido. Por recomendação de Pablo Príncipe, acabara de ser promovida pelo presidente. Era a nova diretora de formação em crescimento pessoal. Sua tarefa era a de pesquisar as diferentes ferramentas de autoconhecimento e desenvolvimento pessoal a serviço da liderança baseada em valores e na mudança organizacional. Meses atrás teria hesitado. Mas Manuela não tinha mais medo. Confiava em sua capacidade de dar o melhor de si mesma. Embora em um primeiro momento sua missão consistisse em aprender e crescer o máximo que pudesse, em médio prazo seria a encarregada de organizar cursos sob medida para oferecê-los às empresas clientes. E só de pensar nisso seu coração se enchia de alegria.

Manuela não foi a única funcionária da Consultoria SAT a ter sua vida transformada. Dos 38 empregados, sete deixaram a empresa no começo das férias de verão. Incentivados pela companhia, resolveram mudar de vida e foram procurar atividades mais compatíveis com sua verdadeira vocação, tal como os estimulara Pablo Príncipe.

— Eu os convido a continuar indagando dentro de vocês mesmos para descobrir quem são, do que gostam, o que os leva a vibrar e, definitivamente, qual é o seu objetivo na vida. Só assim saberão de que maneira poderão servir ao entorno do qual fazem parte. Além disso, se o seu sonho é preservar a felicidade no trabalho, levem em conta que o importante não é o que recebem, mas o que dão... Não se esqueçam: o verdadeiro êxito consiste em amar o que fazem e fazer o que amam, concebendo sua profissão como uma vocação para servir. Se conseguirem, todo o resto virá por acréscimo.

Ignacio Iranzo, por sua vez, continuava viajando a pé por Madagascar. Embora no começo tivesse ficado surpreso e um pouco contrariado diante da proposta apresentada por Jordi Amorós e sua mulher, aos poucos foi concordando em viajar para encarar de uma vez por todas o profundo mal-estar que se aninhava em sua mente e em seu coração. Até aquele momento, ninguém na empresa sabia onde estava nem qual era seu paradeiro exato. No entanto, escrevia cartões-postais para sua mulher toda semana, dizendo como sentia sua falta. Aparentemente, estava decidido a seguir o roteiro sugerido por Pablo.

Ao mesmo tempo, Alicia Oromí desfrutava sua licença-maternidade. Acabara de dar à luz um menino, que recebeu o nome de Lucas. Ser mãe fora a experiência mais maravilhosa de sua vida. Pelo menos foi isso que confessou a Pablo quando ele foi visitá-la no hospital.

Enquanto isso, Jordi Amorós se ocupava contratando novos profissionais. Na hora de escolher não procurava mais apenas um bom currículo e uma longa experiência profissional. Além de exigir os conhecimentos técnicos necessários, seu principal interesse estava voltado a verificar se os candidatos tinham um saudável bem-estar emocional e uma atitude positiva bem-treinada. O presidente tinha muita clareza a respeito daquilo. Para ser contratado pela Consultoria SAT era imprescindível defender valores como a responsabilidade, a humildade, a autenticidade, a confiança, a coragem e o entusiasmo, e ter uma capacidade verdadeira de cooperar e trabalhar em equipe. Mais do que profissionais, procurava seres humanos conectados, conscientes e comprometidos com o desenvolvimento de seu potencial.

— Quero contratar pessoas que desfrutem do mistério da vida com magia — reconheceu certa vez a Pablo Príncipe.

A última e não menos importante mudança ocorrida na Consultoria SAT pegou de surpresa Manuela, a primeira a chegar ao trabalho naquela manhã de setembro. Assim que acendeu as luzes do escritório, levou um susto ao ver a revolução que havia acontecido na Sala de Aprendizado. Por determinação de Pablo, o presidente contratara os serviços de uma empresa especializada em reformar espaços laborais. E sem saber exatamente como, em apenas um mês conseguiram que aquele espaço dispusesse de luz natural e de uma ventilação saudável. As paredes estavam pintadas de amarelo, laranja, rosa e vermelho. E os cubículos haviam desaparecido, dando lugar a um ambiente diáfano, no qual cada trabalhador continuava tendo sua própria mesa, podendo se comunicar com os outros companheiros sem ter de usar o telefone.

Em toda Sala de Aprendizado havia trepadeiras, que permitiam que a natureza também estivesse presente. Naquele novo espaço se respirava vida. Cinco minutos depois de entrar, Manuela continuava de boca aberta. E seus olhos se arregalaram quando descobriu que em um dos cantos fora criada uma sala destinada ao lazer e à leitura. Aquela salinha era reservada exclusivamente aos funcionários e dispunha de uma pequena biblioteca, com livros especializados em crescimento pessoal e mudança organizacional, entre outros temas relacionados com o mundo da economia e da empresa. Manuela se sentou em um dos sofás disponíveis e colocou os pés em um dos pufes que cobriam parte do chão. Colocou as mãos na nuca e sorriu. A menos de um metro de onde estava viu uma enorme geladeira transparente na qual havia iogurtes, sucos e frutas.

A única sala reservada continuava sendo a de Ignacio, que já não dispunha de porta, e a parede que dava para a Sala de Aprendizado era de vidro. Um aquário. Manuela sorriu, pois se deu conta de que lá de baixo todo mundo podia ver o chefe. Por mais que a aborrecesse admitir, aquele lugar se transformara em um espaço impecavelmente desenhado para fomentar e preservar o bom ambiente de trabalho. Devido àquelas novas condições, não poderia mais haver lugar para queixas nem vitimismo. A partir de então, a responsabilidade recairia nos empregados, cujo bem-estar e produtividade dependiam apenas de sua capacidade de se relacionar de maneira eficiente com eles mesmos e com os demais.

Os empregados foram chegando aos poucos e, assim como Manuela, levaram alguns minutos para entender que não estavam sonhando. Depois de alguns meses de profundas mudanças internas, motivados pelo curso de introdução ao autoconhecimento e ao desenvolvimento pessoal, finalmente chegara a hora de serem recompensados com uma importante transformação externa: seu ambiente de trabalho. O certo é que mais de um brincou seriamente em optar pelo escritório, em detrimento de sua própria casa, para desempenhar sua função e cumprir suas tarefas profissionais. De qualquer forma, continuavam tendo a liberdade de optar pelo que mais lhes conviesse.

Enquanto se formavam as típicas rodinhas de saudações e abraços pós-verão, o presidente pôde comprovar que ao longo dos últimos meses os membros dos diversos departamentos tinham ficado cada vez mais unidos e integrados. Os consultores com os de marketing; os de marketing com os de informática; os de informática com os do financeiro; e estes com os consultores. "Minha Nossa Senhora, o que estamos fazendo com esta consultoria!", disseram. "Se eu contar esta história algum dia ninguém vai acreditar em mim!"

Quando todos os funcionários estavam sentados, Jordi Amorós pediu um momento de silêncio.

— Queridos companheiros, bem-vindos à nova Consultoria SAT! — disse depois de algum tempo — Como estão vendo, passamos um ano tentando implantar as melhores condições profissionais possíveis para que vocês possam dar o melhor de si no trabalho. Nosso novo compromisso é o de fazer com que a tecnologia e os sistemas abraçados por esta empresa se coloquem, em primeiro lugar, a serviço das pessoas. E digo isso porque recentemente me dei conta de uma santíssima obviedade: a dimensão pessoal é muito mais importante que a profissional. E, cuidando da primeira, a segunda será potencializada...

Exatamente nesse momento Pablo Príncipe entrou na Sala de Aprendizado. Para não interromper o discurso de Jordi, ficou observando a cena a distância.

— Só quero agradecer todo seu apoio, seu entusiasmo e sua paciência — continuou o presidente. — Como sabem, precisei de quase sessenta anos para iniciar um projeto pessoal e empresarial de fato humano e com sentido. Mas agora que despertei, aproveito para lhes dizer que espero que iniciemos juntos uma nova etapa repleta de desafios, provocações e alegrias, que é para isso que estamos aqui! E para comemorar o fato de que hoje é o primeiro dia do restante de nossas vidas como indivíduos e como empresa, gostaria de ler uma carta muito especial... Foi escrita por Ignacio e é dirigida a todos nós. Ele me pediu expressamente que a compartilhe hoje com todos vocês, pois está voltando logo mais à tarde ao trabalho.

O anúncio foi recebido com certa inquietação. Enquanto os funcionários comentavam a notícia sussurrando, o presidente deu uma olhada rápida em toda a Sala de Aprendizado até que seus olhos encontraram os de Pablo. Depois de lhe fazer um gesto de boas-vindas e diante do olhar atento dos outros profissionais que o cercavam, Jordi Amorós abriu um envelope e tirou duas folhas escritas à mão.

— "Estimados amigos e companheiros" — leu — "sei que esta carta é a última coisa que esperavam receber de mim. Quero deixar claro que isto não é um cartão-postal de férias. É uma confissão. Nas linhas que seguem não encontrarão nem rastro dos esporros nem dos insultos nem de outras manifestações de falta de respeito semelhantes. Por isso podem ouvir com tranquilidade. A primeira coisa que quero dizer é que sinto muito. Peço perdão a cada um de vocês pela forma como me comportei como consultor-chefe, sobretudo nos últimos doze meses. Com esta carta não pretendo me justificar ou apresentar desculpas. Quero apenas reconhecer e assumir meus erros para começar a me responsabilizar pelos meus atos.

"Embora lhes seja difícil acreditar, sou eu: Ignacio. O chefe autoritário e irascível que tornou suas vidas no escritório impossíveis. Só que nestes dois últimos meses alguma coisa mudou em minha vida. E intuo que para sempre. Ainda não consigo acreditar que estou escrevendo esta carta... Mas a verdade é que não consegui evitar. Esta viagem me marcou muitíssimo, mais do que podia imaginar. Para a sorte de vocês, de minha mulher e também minha, não sou a mesma pessoa que montou o lamentável espetáculo apresentado na última vez que nos vimos. Agora estou um pouco mais consciente. Sei que não mereço, mas espero que me deem outra oportunidade.

"A experiência de viajar sozinho por um país tão diferente para mim como Madagascar me propiciou uma autêntica lição de humildade. Os primeiros dias foram especialmente difíceis. A capital, Antananarivo, é um labirinto caótico cheio de poeira, pobreza e poluição. Há tanta contaminação que mal se consegue respirar. E como não tenho a menor ideia de malgaxe nem de francês, não me restou outro remédio a não ser suportar a mim mesmo ao longo das 24 horas do dia. Por ficar tanto tempo sozinho e em silêncio, senti pela primeira vez que a raiva e a ira que sentia não passavam de dor.

"Além do mais, aqui é inverno e anoitece às cinco da tarde. Assim que entrei no quarto do hotel, comecei a chorar. Embora tenha dificuldade de reconhecer, desabei. De repente me lembrei de como Jordi e minha mulher me convenceram de que esta viagem poderia me ser benéfica. O orgulho fez com que levasse várias semanas para aceitá-la. Pois bem, aceitei mesmo assim. Creio que me serviu para me dar conta de que estava enganando a mim mesmo e que estava afligindo os outros como válvula de escape para o meu mal-estar.

"Não podem imaginar o que me custou lidar com toda a dor e sofrimento que carregava nas minhas costas. Ainda não sei como consegui me manter em pé e ir todos os dias ao escritório com tanto veneno no coração. Por mais que não quisesse vê-lo no começo, esse era exatamente o objetivo desta viagem. O certo é que neste último ano não fui capaz de assumir minha incapacidade de ter filhos. Sim, reconheço: adoro criança. Não sei por quê, mas até agora estar ao lado delas era uma das poucas coisas nesta vida que recarregavam minhas baterias. Meu grande projeto era criar uma família. Meu maior sonho era ser pai. Talvez por este motivo, em vez de aceitar que sou estéril, dirigi minha agressividade a minha mulher e a todos vocês. Não tenho palavras para manifestar minha vergonha. Sei que o arrependimento não serve para nada, pois o dano já foi feito. Agora mesmo só espero que possam me perdoar. E ainda estou tentando perdoar a mim mesmo.

"Para resumir minha viagem, posso contar que no total percorri a pé 759 quilômetros em 55 dias, atravessando toda costa, de Fort Dauphin até Antananarivo. Nem eu mesmo sabia que seria capaz de fazer tamanha barbaridade! Pelo caminho perdi 17 quilos e deixei crescer a barba. Poucos dias depois de começar a caminhada, me dei conta de que estava levando a cabo minha própria penitência. Cheguei até mesmo a andar descalço durante duas etapas do caminho. Depois de destroçar meus pés, tornou-se impossível cumprir meu objetivo inicial de caminhar até o aeroporto... O certo é que concluí esta odisseia me arrastando até uma pequena clínica rural para cuidar de uma dolorosa ferida em meu pé esquerdo, infeccionado há vários dias.

"Embora reconheça ter maltratado meu corpo, mentalmente me sinto mais são e mais forte do que nunca. Ficando sozinho durante todo este tempo, acabei me dando conta de que tudo se reduz à maneira como você se relaciona consigo mesmo. Por isso viajar sozinho foi para mim tão terapêutico. Porque não me restava alternativa além da de enfrentar o que mais temia: minha agressividade, minha solidão, meu vazio... Ou seja, meu ego, esse pequeno grande 'eu' tão egoísta que está há anos me destroçando por dentro. Como você está vendo, Pablo, estudei a fundo o livro que encontrei na minha mochila. Li-o nove vezes. No começo o ridicularizei. Mas até que enfim compreendi a mensagem que suas páginas ocultavam... Muitíssimo obrigado por sua paciência e generosidade. Foi um grande presente!

"Eu estaria mentindo se não reconhecesse que estive muito perto de abandonar minha travessia em várias oportunidades. Na primeira etapa da viagem, me senti incapaz de suportar minha forma destrutiva de pensar. Minha mente parecia um depósito de lixo. Muitas vezes começava a andar completamente esgotado, desmotivado e de mau humor. Não conseguia parar de me sentir triste, angustiado e irritado comigo mesmo. Era um verdadeiro inferno. Sentia que ia morrer ali mesmo. Além disso, meus pés doíam, e as panturrilhas, os joelhos, as cadeiras, as costas, os ombros e o pescoço também... Estava destroçando meu corpo! De repente surgiram em minha cabeça cem mil desculpas para justificar minha derrota. Mas me obriguei a continuar. Custasse o que custasse. Porque, apesar da dor, intuía que aquela experiência era exatamente do que precisava.

"Tive que chegar no fundo do poço para compreender que não me restava outro remédio além de mudar, pois o único 'problema' da minha vida era eu. Estava havia quarenta dias sozinho, percorrendo cerca de 15 quilômetros por dia e sem ninguém em quem me apoiar. Durante duas semanas não parou de chover um só dia, encharcando tudo. Mas foi exatamente aí que algo começou a mudar dentro de mim, transformando por completo minha forma de ver a realidade. Pela primeira vez em muito tempo experimentei a paz. Não sei muito bem como explicar, mas aconteceu de maneira espantosa, totalmente inesperada. Foi como um clique em minha cabeça. Caminhando debaixo de uma tormenta elétrica, uma tempestade de raios, a 11 quilômetros do povoado mais próximo e cercado pela natureza, de repente comecei a chorar, e a chorar de felicidade. Nunca havia sido testemunha de tanta beleza quando contemplei um pôr do sol róseo e lilás no meio de um bosque de baobás. Pela primeira vez em toda minha vida agradeci por estar vivo!

"Mais além desta experiência inesquecível, outra coisa que me fez mudar de verdade foi o contato com os aldeões do sudeste de Madagascar, a região menos atingida pelos colonizadores ocidentais. Do nosso ponto de vista, ali 'não há nada a fazer' e, portanto, 'nenhum motivo para ir até lá'. Cada dia dormia em um povoado diferente. Sempre no lar de alguma família que se dispusesse a me acolher. Podem me imaginar dormindo no chão de uma choça? Eu mesmo não teria sido capaz. Espero que vocês preservem este grande tesouro que é a imaginação... Enfim, companheiros, a verdade é que ao entrar em contato profundo com os aldeões, não tive alternativa além de me relacionar com eles, embora não exatamente com palavras. E foi assim que dia após dia parei de dar atenção ao meu mal-estar e comecei a me interessar por sua forma de entender a vida.

"Oitenta e cinco por cento dos 19 milhões de habitantes desta ilha vivem integrados à natureza, em cabanas feitas de bambu, galhos de palmeira e folhas das outras árvores que abundam na região. Para sua subsistência, os malgaxes se alimentam à base de arroz, bananas, laranjas (que aqui têm o sabor de limão) e, quando têm sorte, batata, mandioca, tomate, cenoura, cebola e peixe. Embora ninguém morra de fome, seu desequilíbrio nutricional se reflete na falta de dentes e em sua pouca massa muscular. Em algumas aldeias também atuam pequenos comerciantes, que dispõem de minúsculas lojas onde vendem alimentos pré-fabricados, normalmente com o prazo vencido, como biscoitos amanteigados, balas, batatas chips, leite condensado, cigarros, e também azeite, sal, açúcar, cerveja quente e, para minha felicidade, água engarrafada. Quase não existem hospitais, salvo nos grandes centros urbanos, e mal dispõem de medicamentos.

"Quanto ao trabalho, os homens se dedicam ao campo e as mulheres aos afazeres do lar e ao cuidado das crianças, que representam mais de sessenta por cento da população. Muito divertidas, se aproximam, seguram sua mão e começam a brincar... Vocês não sabem como desfrutei dessa companhia. Havia muitos anos não ria tanto! De fato, em Madagascar me dei conta de que nos últimos anos da minha vida havia parado de rir e até mesmo de sorrir. Aquelas crianças me deram tudo, me devolveram a vida. Vocês não sabem quantas brincadeiras me ensinaram nem das horas que passei fazendo-as rir. Para mim foi uma verdadeira benção. Ao seu lado recordei que, biologicamente falando, eu não podia ser pai. No entanto, muitos delas não tinham pai nem mãe e nem por isso desistiam de continuar sorrindo na vida. Que grande lição e que mestres inesperados!

"Como estava dizendo, do ponto de vista ocidental são muito pobres. No entanto, devido a esta pobreza material não lhes restou outra alternativa além de desenvolver uma riqueza baseada em valores, que quase não existem nos países desenvolvidos. Vou lhes contar algo sobre isso. Eu sou um bom exemplo da decadência da sociedade ocidental. Mas aqui comecei a desaprender; estou me desprogramando. Sinto que estou libertado. Tenho muita vontade de me refazer como ser humano para reconstruir minha vida. Quero aprender com meus erros e ficar um pouco mais parecido com os malgaxes... E digo isso inteiramente convencido. Em geral são pessoas muito introvertidas e tranquilas, cujo lema parece ser 'viver e deixar viver'. Estando aqui e depois de ter conhecido todas estas pessoas maravilhosas, recordei como é grandioso e simples sentir que você pode contar consigo mesmo, pois aconteça o que acontecer você vai estar ali.

"Como podem imaginar, esta viagem significou um grande golpe na minha ignorância. E agora mesmo, enquanto escrevo estas linhas, não posso evitar a emoção. Sinto muitíssimo pelo que fiz vocês passarem. Sinto muitíssimo por tudo o que fui capaz de dizer e fazer. E sinto muitíssimo que tenham tido de conviver comigo na empresa. Como me disse outro dia minha mulher, a quem devo minha vida, a verdadeira viagem começa quando se volta. Espero poder compensá-los de uma forma ou outra. Por favor, imploro que me perdoem. O homem que vão ver hoje não é o mesmo que partiu. Mudou. E, se me permitirem, gostaria muito que começássemos de novo. Somos uma equipe. E, como o chefe que fui, agora sei que tenho muito a aprender com vocês. Quero aprender a servi-los. Um forte abraço, Ignacio." — Acabou de ler o presidente, com um brilho especial nos olhos.

Jordi Amorós não foi a única pessoa que teve o coração aberto pelas palavras de Ignacio. Alicia Oromí abraçou Manuela Marigorta, que deixou escapar uma lágrima. E Verónica Serra aproveitou para fazer a mesma coisa com Pablo Príncipe. Os outros empregados ficaram em silêncio, surpresos diante das palavras que haviam acabado de ouvir.

Era meio-dia, e Jordi Amorós convidou Pablo Príncipe para almoçar.

— Peça o que quiser, Pablo — insistiu o presidente. — Hoje estamos comemorando, e não pretendo ficar controlando despesas!

— Obrigado, Jordi. Vou pedir uma salada de tomate.

O presidente franziu o rosto, mas logo recuperou o sorriso.

— Salada! Porra! Faz anos que não como uma salada! Bela opção, sim, senhor! Por favor, duas saladas de tomate e dois lombinhos malpassados! Ah, e uma garrafa do melhor vinho tinto que encontrar na adega!

Não que fosse abstêmio nem vegetariano, mas Pablo não bebia álcool nem comia carne. "Um dia é um dia", pensou.

Durante o almoço ficaram conversando sobre como o último ano havia passado depressa e chegaram a várias conclusões a respeito. E, depois de algumas taças de vinho, o presidente acabou fazendo uma confissão:

— É verdade que triunfei profissionalmente, que desfrutei o erotismo do poder e que ganhei mais dinheiro do que posso gastar... Mas você quer que lhe diga uma coisa? — Pablo assentiu com a cabeça. — O afã de reconhecimento, de poder e de dinheiro é uma prisão para nossa alma. Como é fácil corromper o coração de um homem ignorante e cobiçoso! Eu lhe digo isso tendo como base minha experiência!

Ao ver que Pablo Príncipe permanecia em silêncio, o presidente aproveitou para desabafar. Tinha que colocar em ordem certos assuntos do passado.

— Para ser sincero — continuou —, eu não resolvi virar empresário. Apenas fiz o que outros me disseram que fizesse. Agora me dou conta de que quando você não sabe quem é nem o que quer é um escravo de sua própria baixa autoestima e insegurança. Esta falta de confiança o leva a pensar e a fazer o que fazem todos os demais. E pobre de você caso se afaste do rebanho! Não o perdoam! É por isso que na sociedade ocidental de hoje ser você mesmo é um ato revolucionário.

Jordi tomou mais um gole de vinho e continuou falando:

— Ultimamente estive refletindo... É necessário ver como funciona este mundo! Desde pequenos enchem nossa cabeça com mentiras sobre como devemos viver a vida. Enchem a gente de medo, dizendo que devemos seguir certas carreiras universitárias para "não passar fome". Condicionam-nos a vencer a todo custo, para ter status, prestígio e respeitabilidade, para ter uma casa grande, dois carros, uma mulher atraente e, sobretudo, dinheiro, muito dinheiro... Parece que o êxito consiste em atender a uma série de estereótipos impostos pela sociedade. Dizem que quando você subir todos os degraus entrará no "templo da felicidade". Mas isso é uma grande mentira. Eu vivi nesse lugar e está vazio. Ali não há nada! Nem vestígio de felicidade!

O presidente acariciou sua cabeça calva distraidamente e bebeu mais um gole.

— Minha experiência — afirmou — me ensinou que, na maioria dos casos, para ter sucesso, reconhecimento, poder e dinheiro é necessário ser egoísta e ambicioso. E isto acaba destruindo a humanidade que existe em você... Desconecta-o da própria existência e ao se afastar de si mesmo você esquece os valores e os projetos que de fato valem a pena... O mais curioso é que nos programaram para ser infelizes, e a maioria das pessoas o é. Mas muito poucas têm a humildade e a coragem de reconhecê-lo. Para mim custou 57 anos!

— É melhor tarde do que nunca! — sorriu Pablo Príncipe.

— É mesmo! A vida é agora. Não se trata de um ensaio. É necessário ver em que nos transformamos quando somos vítimas do medo e do autoengano! Estou me referindo a não querer reconhecer nem verbalizar o vazio que sentimos dentro da gente. Por mais que tentemos nos convencer e fingir diante dos demais, o prazer não tem nada a ver com a felicidade. Não querendo ir mais longe, o conceito de diversão é, na realidade, uma fuga, uma evasão, uma narcotização que nos permite esquecer de nós mesmos e do sentido de nossa existência.

Diante do olhar atento de Pablo, Jordi Amorós fez uma pausa.

— Eu sei, eu sei — riu o presidente. — Usei uma venda nos olhos ao longo de toda minha santa vida. E o irônico é que eu mesmo a coloquei e eu mesmo me recusei a tirá-la até agora. Tive de quase morrer para começar a abrir os olhos! Se digo tudo isso, é porque lhe sou muito grato, querido Pablo. Ao seu lado compreendi, e esta é minha grande verdade, que é melhor levar uma vida emocionalmente estável do que procurar de maneira obsessiva a riqueza material. Pelo menos para mim, o verdadeiro êxito é tornar os demais felizes. Pela primeira vez na porra da minha vida sinto que estou sendo coerente comigo mesmo, com os ditames da minha consciência... Agora compreendo o que significa viver conscientemente! Quando você acorda do sonho do ego se dá conta de que não há maior fracasso do que o de estabelecer objetivos equivocados e atingi-los. Por isso há tantas pessoas bem-sucedidas que são profundamente infelizes: porque fizeram o que o sistema lhes disse que fizessem, e não o que seu coração ditava. — E depois de terminar sua taça de vinho, concluiu: — Uma coisa eu sei com certeza: se você não aprende a ser feliz por si mesmo, certamente acaba se sentindo um fracassado.

Bernardo Marín estava limpando os vidros da portaria quando viu Ignacio Iranzo chegar, carregando uma malinha debaixo do braço. Nervoso, o zelador fingiu que não estava vendo nada.

— Bom dia, Bernardo.

O zelador se virou e ficou em silêncio. Estava tentando entender como Ignacio conseguira emagrecer tanto em tão pouco tempo.

— Como passou o verão? — perguntou-lhe Bernardo, estendendo-lhe a mão.

Ignacio apertou-a emocionado e lhe dirigiu um amplo sorriso.

Ainda sorridente, Ignacio Iranzo entrou na recepção da Consultoria SAT, onde esperava encontrar Verónica Serra. No entanto, não havia ninguém ali. Achando estranho, caminhou em direção à Sala de Aprendizado e assim que colocou um pé dentro dela...

— Surpresa! — gritaram em uníssono todos os funcionários da consultoria.

Com os olhos úmidos, Ignacio foi cumprimentando afetuosamente e pedindo perdão a cada um de seus colegas. Especialmente cálido foi o abraço que deu a Manuela Marigorta e Alicia Oromí, que havia trazido o pequeno Lucas ao escritório. Assim que o viu, Ignacio se desfez por dentro.

— Aproveito para lhes comunicar que vou ser pai! — gritou eufórico.

Ao ver que a maioria o olhava com desconcerto, acrescentou:

— Minha mulher e eu decidimos adotar uma menina malgaxe!

E todo mundo o felicitou animadamente.

Em seguida, Ignacio tirou de sua malinha o decálogo emoldurado em uma lâmina de vidro e outra de madeira. E diante dos olhos de todos os presentes, voltou a pendurá-lo em seu lugar. De repente, no meio de todo aquele barulho, Jordi Amorós e Pablo Príncipe entraram na Sala de Aprendizado. Ao vê-los, Ignacio avançou sobre eles. E, sem economizar palavras, abraçou com toda força o presidente.

— Obrigado de coração, Jordi.

— De nada, filósofo, que você está parecendo um filósofo! — brincou o presidente, devolvendo-lhe a carta que havia escrito em Madagascar.

Quando cruzou seu olhar com o de Pablo, Ignacio não conseguiu conter a emoção. Cabisbaixo, ofereceu-lhe a mão em um gesto de paz:

— Sinto muito, Pablo. Você me perdoa?

De repente se fez silêncio. Todos os olhos da Sala de Aprendizado estavam fixos em Pablo, que se fundiu em um abraço com Ignacio. E sussurrando no seu ouvido, de maneira que ninguém pudesse ouvir suas palavras, disse-lhe:

— Não há nada a perdoar, Ignacio. Bem-vindo de volta.

No dia seguinte, Ignacio Iranzo foi nomeado diretor-geral da Consultoria SAT. E, quatro dias mais tarde, foi eleito o melhor executivo espanhol do ano. Na verdade, depois que voltou de Madagascar, sua mulher e sua filha malgaxe — a quem deram o nome de Alma — se tornaram a prioridade de sua vida. Embora Ignacio não fosse um homem religioso, usava em um pingente inscrito um dos provérbios mais repetidos pelo povo malgaxe: "Izay rehetra ataonareo dia ataovy amin'ny fitiava", que significa "O que fizer faça sempre com amor". E embora não tivesse chegado a ensiná-la a nenhum colega da consultoria, havia prometido a si mesmo colocá-la em prática todos os dias de sua vida.

EPÍLOGO

SE QUISER MESMO MUDAR O MUNDO, COMECE POR VOCÊ MESMO

A melhor coisa que podemos fazer pela humanidade é aprender a ficar em paz com nós mesmos. Embora reconheça que precisei de quase toda uma vida para compreender que merda isso significava, hoje não consigo estar mais do que de acordo com esta afirmação. Como a maioria dos mortais, eu também zombava dos livros de autoajuda e dos cursos de desenvolvimento pessoal. Até cheguei a demonizar com agressividade aqueles que tentavam compartilhar comigo suas experiências místicas, relacionadas com os aspectos mais intangíveis da nossa condição humana. Na época não sabia por quê, mas aquela gente me tirava do sério!

Minha Nossa Senhora! Como mudei desde então! Aos 65 anos, a única coisa de que rio é de mim mesmo, de como cheguei a ser ignorante e inconsciente. Vocês conhecem aquele ditado que diz que "o pior cego é aquele que não quer ver"? Até mesmo agora, quando escrevo, ainda me provoca calafrios. Como pude me enganar durante tantos anos? Como pude ser tão arrogante? Como pude viver desconectado por tanto tempo da única coisa que me mantém vivo? Para ser sincero, não tenho a menor ideia.

O que descobri sim é que nada acontece por acaso. Cada um de nós colhe aquilo que semeia. Como escreveu o grande líder

Mahatma Gandhi: "Cuide de seus pensamentos porque eles virarão palavras. Cuide de suas palavras porque elas virarão ação. Cuide de suas ações porque elas virarão hábitos. Cuide de seus hábitos porque eles forjarão seu caráter. Cuide de seu caráter porque ele determinará seu destino. E seu destino será sua vida." Um grande sábio este homem, sim, senhor. Não me ocorre nenhuma forma melhor de expressar a enorme responsabilidade que cada um de nós tem na hora de administrar a própria vida. Ao olhar para trás e analisar minha história pessoal, me dou conta de que em geral não me ocorreu o que eu queria ou desejava, mas o que precisava para aprender a ser feliz.

Como a vida é maravilhosa quando se adquire consciência! Como é espantosa a experiência de estar vivo! E como tudo adquire significado quando se vive conectado ao próprio coração! Não é que eu seja uma pessoa sentimental, mas não posso nem quero me esquecer daquilo que importa de verdade. Por isso gosto de recordar de vez em quando. Sobretudo porque meus primeiros 57 anos transcorreram quase sem que me desse conta. Por sorte, a vida é tão sábia e generosa que até me fez flertar com a morte. Digo com toda seriedade: aquela ponte de safena tripla foi uma verdadeira benção. Me fez abrir os olhos. E foi assim que comecei a viver acordado. Se não tivesse sido pela minha morte clínica, nada disto teria acontecido. E como é curioso! Poucas semanas depois conheci Pablo Príncipe. Como vocês sabem, esse não é seu nome verdadeiro. Mas não importa. O que conta é a marca que deixou em todos nós durante os dois anos e meio em que trabalhou na nossa consultoria.

Ainda me lembro da primeira vez que conversei com Pablo. Sua humildade e integridade revelaram meus medos e carências. A revolução que ele promoveu em nossa empresa significou uma transformação de todos nós, inclusive do meu querido Ignacio Iranzo, atualmente um magnífico diretor-geral. Desde então, mudamos radicalmente nossa escala de valores e eu redefini, pessoalmente, meu conceito de "êxito". Ao seu lado aprendi a colocar o essencial no cerne da estratégia, definindo uma nova missão empresarial: promover o crescimento pessoal dos funcionários, desenvolvendo e mudando por sua vez nossa cultura organizacional e a das empresas que eram nossas clientes.

Não tenho mais a menor dúvida: quando você confia no que não é capaz de ver começa a senti-lo em seu coração. E quando se compromete com aquilo que sente, mais cedo ou mais tarde acaba tornando-o realidade. Agora mesmo, acredito plenamente que o ser humano — assim como o meio ambiente de que faz parte — constituirá o cerne da nova filosofia econômica que surgirá como consequência da crise financeira que estamos vivendo neste momento. Não sou um visionário, muito menos um adivinho. Mas estou convencido de que as únicas organizações que irão sobreviver são aquelas que beneficiem diretamente a humanidade. Todas as outras cairão por seu próprio peso.

A chave do nosso futuro como sociedade é que no presente cada um de nós se comprometa com sua responsabilidade pessoal. Não há sentido em se fazer de vítima. A única coisa que nos impede de ser protagonistas de nossa própria vida é o medo. E enquanto não formos donos de nós mesmos, estaremos condenados a ser escravos de nossas circunstâncias. Entretanto, quanto mais crescermos e nos desenvolvermos interiormente, mais crescerão e se desenvolverão projetos empresariais verdadeiramente produtivos, sustentáveis e alinhados com a evolução consciente da humanidade. Entendo que não é nada fácil ser valente. Mas estamos aqui para isso, não é mesmo? Para superar os medos que nos limitam e nos converter nas pessoas que podemos chegar a ser. Tudo se reduz a simples decisões individuais. E, queiramos ver ou não, as tomamos a cada dia.

O que nós temos sido e continuamos sendo outros serão. E o que nós fizemos e continuamos fazendo outros farão. Em pleno ano de 2010 e apesar da crise, nossa consultoria continua crescendo e se expandindo. O segredo de nosso êxito é que estamos comprometidos em servir aos demais, criando e gerando riqueza verdadeira para a sociedade. E é engraçado: agora que sou convidado a dar conferências e minha foto é publicada de vez em quando nos jornais, me dou conta de que, para mim, o êxito, o verdadeiro êxito, é uma coisa tão simples quanto sentir paz e amor em meu coração. Porque graças a esta plenitude posso ser o marido carinhoso que minha mulher merece e o pai atento que meus três filhos merecem. O que mais pode desejar um ser humano quando é feliz? Nada. Absolutamente nada. Daí que o desejo só apareça quando nos sentimos vazios e insatisfeitos. Como é perigoso o desejo! Se não estivermos atentos, poderemos chegar ao topo do mundo, mas ao preço de ter a alma corrompida.

Enfim, vocês podem imaginar a confusão que é armada quando se entrega a um avô como eu um microfone para compartilhar suas reflexões em respeitadas escolas de negócio e afamados círculos empresariais. E a expressão no rosto dos caras! É como se falar da felicidade fosse proibido e ser feliz, pecado! Mas não estou julgando ninguém. Como poderia fazê-lo se os entendo muito bem? É exatamente a mesma expressão que eu teria adotado apenas alguns anos atrás. Logo terão sua oportunidade. A mudança e a evolução da consciência da humanidade são tão necessárias quanto inevitáveis. É uma questão de tempo as pessoas experimentarem um clique em suas cabeças.

O certo é que voltei a me conectar com a criança brincalhona e sonhadora que carrego dentro de mim. Reconheço que minhas palavras ainda geram muito ceticismo e enfrentam muita resistência. E isso levando-se em consideração que a mensagem central de todas minhas palestras é que a mudança da mentalidade individual é o que transforma as empresas e, por fim, o sistema. Por isso incentivo aqueles que têm a coragem de me ouvir a se comprometer com seu autoconhecimento e desenvolvimento pessoal. O curioso é que quando chega o momento das perguntas, os adultos só se interessam pelo que penso a respeito das crises. Por sua vez, os mais jovens pelo menos me interrogam sobre Pablo Príncipe. Parece que seu exemplo os inspira. Pouco antes de concluir minha exposição, sempre acabo dizendo a mesma coisa: "Não tenho a menor ideia de onde está nem do que faz. O que sei é que se algum dia entrar em sua empresa alguém que quer ser chamado de responsável por pessoas e valores da organização se preparem para viver uma verdadeira revolução. E, se ele aparecer em suas vidas, o tratem com amabilidade. E escrevam para mim imediatamente, dizendo que o Pequeno Príncipe voltou..."

O PRESIDENTE
29 de janeiro de 2010

AGRADECIMENTOS

Ao experimentar meu próprio despertar, me dei conta de que a vida sempre foi muito generosa comigo. Por isso, agora, ao dar uma olhada no meu passado, só tenho palavras e sentimentos de gratidão. Aproveito estas linhas para agradecer a minha mãe, por ter me dado a vida e despertado em mim, desde muito jovem, a curiosidade, além de me introduzir aos segredos da alma humana. A minha irmã Verónica, por me apoiar e me ajudar de forma incondicional em tudo o que faço. A meu irmão Santiago, por me inspirar com sua inteligência e habilidade e ser meu companheiro de buscas e de sonhos. A meus amigos Pepe Barguñó, Víctor Gay Zaragoza, Javier Martínez de Marigorta, Marc Marín, Gregory Norris-Cervetto, Marc Oromí, Maria Serra, Sebastián Skira e Gonzalo Vilar, por compartilhar comigo a visão de que a consciência é o grande alquimista da nossa existência. A minha amiga Carla Asmarats, por ter a humildade e a coragem de ser minha primeira *coachee*. A Marta Sardà, por compartilhar comigo um processo de *coaching* realmente transformador. E a Irene Orce, que foi a coisa mais maravilhosa que aconteceu em toda minha vida. Ao seu lado estou aprendendo a AMAR com maiúsculas.

No que diz respeito à publicação deste livro, quero agradecer a Alvar Canela, Víctor Cortadellas, Jorge Florit, Fernando Martorell, Daldo Murtra e Quique Teixidor, por terem me permitido descobrir ao seu lado minha paixão por contar histórias. A Carlos Stampa, por ter me incentivado a me matricular em humanidades para depois fazer o segundo ciclo de jornalismo. A Antonio Morenés, por ter me pedido que mantivéssemos uma correspondência via e-mail e revelar assim minha vocação literária. A José María Piera e Luis Tusell, por terem me motivado a fazer as provas do mestrado em jornalismo da Universidade Autônoma de Madri-El País. A minha mãe, por ter financiado todos meus estudos e me dado a liberdade de ser a pessoa que sou. A Clara de Cominges, por ter me cedido o lugar de bolsista na redação de *El País* em Barcelona. A Jesús Duva e Sebastián Tobarra, por terem sido os primeiros chefes que confiaram em mim. A Serafí del Arco e Claudi Pérez, por terem me ajudado a dar meus primeiros passos como jornalista econômico. A Tomás Delclós, por ter me contratado como colaborador do suplemento "Propriedades". A Ariadna Trillas, por ter tentado tirar sempre o melhor de mim no trabalho, me abrindo as portas para publicar meus textos no suplemento "Negócios". A Amaya Iríbar, por ter me deixado escrever sobre psicologia e filosofia no universo da empresa. A Jesús Mota, por ter me dado a oportunidade de coordenar a página de "Gestão e formação". A Miguel Jiménez, por sua confiança, cumplicidade e apoio incondicional. A Goyo Rodríguez, por ter tido a generosidade de me abrir as portas de *El País Semanal*. A Sandra Bruna, por ter confiado em nosso projeto literário comum desde o primeiro dia. A Jordi Nadal, por ter me aberto as portas do mundo editorial de maneira ampla. A Ana Lafuente, por ter acreditado na mensagem deste livro e o enriquecido com sua paixão e criatividade. Aos outros profissionais da editora Temas de Hoy, por tornar possível que o manuscrito de um autor chegue às mãos dos leitores em forma de livro. E a Antoine de Saint-Exupéry, por ter criado um personagem tão inspirador e inesquecível.

Agradeço à valentia e à cumplicidade dos amigos e especialistas Mario Alonso, Ignacio Alvarez de Mon, Santiago Alvarez de Mon, Maite Baron, Maria Mercè Conangla, Juan Carlos Cubeiro, Nuria Chinchilla, Andrea Gay, Xavier Guix, Manuel Giraudier, Hermínia Gomà, Gerard Guiu, Pilar Jericó, Alicia Kaufmann, Fredy Kofman, Gonzalo Martínez de Miguel, Guillermo Martorell, Douglas McEncroe, José Luis Montes, Santiago Niño Becerra, Meritxell Obiols, François Pérez, Andrés Pérez Ortega, Lorenzo di Pietro, Iñaki Piñuel, Ernesto Poveda, Marta Romo, Alex Rovira, Isabel Salama, Jaume Sanllorente, Enrique Simó, Joaquín Tamames, Fernando Trías de Bes, Valentí Valls e Montse Ventosa. Obrigado a todos por compartilhar comigo sua compreensão e sabedoria.

Também quero agradecer aos empresários e executivos Josep Burcet, Jorge Díez, Sergio Durany, Amadeu Guarch, Jacinto Guerrero, Toni Jové, Carlos Losada, Francisco Martín Frias, Gabriel Masfurroll, Joan Antoni Melé, Patricia Mir, Miquel Montes, Chisco Olascoaga, Ignacio Orce, Luis de Osuna, Ramón Poll, Diego Sánchez Pullido, Paco Sosa, Avelino Suarez, Santiago Vázquez e Silvia Vílchez, por encarnarem os valores de que as empresas precisam.

A Gonzalo Bernardos, por ser o primeiro a se atrever a introduzir a questão do crescimento na universidade, me concedendo o maravilhoso presente de criar o mestrado em desenvolvimento pessoal e liderança na Universidade de Barcelona. A todos os alunos que tiveram a humildade de me deixar fazer o que mais amo: ser professor.

E a você, leitor, muito obrigado por fazer parte do destino deste livro.

BIBLIOGRAFIA RECOMENDADA

Há livros e filmes que podem desencadear uma verdadeira revolução em nossa maneira de entender e de nos relacionarmos com a instituição social predominante nos dias de hoje: a empresa. Entre outras obras importantes, recomendo os seguintes livros e documentários.

Livros

COVEY, Stephen. *Os 7 hábitos das pessoas altamente eficazes.* Rio de Janeiro: Best *Seller*, 2009.

Uma coletânea de análises da condição humana, este livro expõe uma série de princípios psicológicos e filosóficos que facilitam o crescimento pessoal e a mudança profissional. Mostra o que significa ser verdadeiramente responsável por si mesmo, incentivando cada pessoa a descobrir quem é, quais são sua missão e seus valores e, definitivamente, qual é sua definição de êxito.

KOFMAN, Fredy. *La empresa consciente.* Madri: Aguilar, 2008.

Um ensaio sobre como impulsionar e liderar empreendimentos com consciência, construindo valor por meio dos valores. Reflete sobre a necessidade de potencializar a dimensão humana nas empresas, mostrando como o egoísmo e o egocentrismo são totalmente ineficientes e insustentáveis. Ensina também como o desenvolvimento emocional de diretores, chefes intermediários e afins repercute positivamente nas relações pessoais e, consequentemente, nos resultados financeiros.

NIÑO BECERRA, Santiago. *El crash del 2010*. Barcelona: Los Libros del Lince, 2009.

Uma análise histórica, filosófica, econômica e financeira que explica o nascimento, a evolução e a decadência do sistema econômico-social vigente: o capitalismo. Este ensaio se aprofunda nos princípios filosóficos que conformaram a base desta estrutura e define os que farão parte do sistema econômico-social seguinte, cujo pilar fundamental será a responsabilidade pessoal.

Documentários

ACHBER, Mark e ABBOTT, Jennifer. *A corporação*. Canadá, 2003.

Analisa a natureza corrupta e insustentável das grandes multinacionais e reflete sobre a direção que estas deveriam seguir para parar de atentar contra a humanidade e o meio ambiente.

JOSEPH, Peter. *Zeitgeist Addendum*. Estados Unidos, 2008.

Descreve como o dinheiro é usado e criado no sistema monetário sobre o qual se edificam todas as instituições financeiras, empresariais, políticas, religiosas e sociais que condicionam os seres humanos para transformá-los em escravos dos interesses das grandes corporações e das entidades financeiras que as administram e governam. Este documentário foi realizado sem intenção de lucro e na Espanha só pode ser visto na internet: (disponível em www.zeitgeistmovie.com//add_spanish.htm).

Outras informações

Os nomes dos capítulos de O Pequeno Príncipe põe a gravata se referem a títulos de reportagens e entrevistas publicadas por seu autor no suplemento econômico "Negócios", do jornal *El País*. Estes textos podem ser encontrados na seção "Reportagens e entrevistas" do site www.borjavilaseca.com. Por outro lado, desde 2009 o autor dirige o curso de mestrado em desenvolvimento pessoal e liderança da Universidade de Barcelona, a primeira entidade acadêmica da Espanha a promover o crescimento pessoal e a autogestão baseada em valores. Para obter mais informações sobre esse programa de formação, visite o site www.desarrollo-personalyliderazgo.com.

Este livro foi composto na tipologia Minion Pro,
em corpo 11,5/15,2, e impresso em papel off-white,
no Sistema Cameron da Divisão Gráfica
da Distribuidora Record.